A MARCA ALÉM DO PROPÓSITO

RENATO FIGUEIREDO

A MARCA ALÉM DO PROPÓSITO

A REPUTAÇÃO, O ESTILO E A IDEIA NA CONSTRUÇÃO DE MARCAS R.E.I

© Renato Figueiredo, 2024
Todos os direitos desta edição reservados à Editora Labrador.

Coordenação editorial Pamela J. Oliveira
Assistência editorial Leticia Oliveira, Jaqueline Corrêa
Projeto gráfico e capa Amanda Chagas
Diagramação Estúdio dS
Preparação de texto Lucas dos santos lavisio
Revisão Iracy Borges

Dados Internacionais de Catalogação na Publicação (CIP)
Angelica Ilacqua – CRB-8/7057

Figueiredo, Renato
  A marca além do propósito : a reputação, o estilo e a ideia na construção de marcas R.E.I / Renato Figueiredo – São Paulo : Labrador, 2024.
  192 p.

  ISBN 978-65-5625-522-4

  1. Marketing 2. Marca de produtos I. Título

24-0230   CDD 658.8

Índice para catálogo sistemático:
1. Marketing

Labrador
Diretor-geral Daniel Pinsky
Rua Dr. José Elias, 520, sala 1
Alto da Lapa | 05083-030 | São Paulo | SP
contato@editoralabrador.com.br | (11) 3641-7446
editoralabrador.com.br

A reprodução de qualquer parte desta obra é ilegal e configura uma apropriação indevida dos direitos intelectuais e patrimoniais do autor. A editora não é responsável pelo conteúdo deste livro. O autor conhece os fatos narrados, pelos quais é responsável, assim como se responsabiliza pelos juízos emitidos.

"Renato Figueiredo reúne muitas das qualidades necessárias para enfrentar o tema que se propõe neste livro, e que o trouxeram até este momento reflexivo de sua jornada profissional.

Trabalhar com o que o mundo chama de 'marcas', que em geral se referem a corporações — organismos coletivos de produção de sentido e valor — pressupõe curiosidade, sensibilidade, humanismo, empatia, visão crítica, abrangência intelectual e conhecimentos transversais, e Renato vem lapidando sua bússola com a inquietação que faz com que alguém decida parar, pensar e escrever sobre o que viu, o que sentiu e o que tem a acrescentar a esse apaixonante e infinito labirinto que chamamos de vida, seus valores e sentido.

Uma contribuição valiosa para o enriquecimento do debate sobre onde estamos e em que direção seguir para honrarmos nossa herança cultural e histórica, e deixarmos nossa marca, para além de mercadorias, como uma real colaboração para a cultura e as novas gerações."

Ronald Kapaz
Fundador da Oz Estratégia + Design e da Playground Lab.

"Renato consegue unir duas grandes qualidades que sempre encantam os clientes: além de ser um excelente profissional, é de uma gentileza inata e facilidade de relacionamento únicas. Trabalhando juntos ao longo desses anos, nos mais distintos projetos, essa convivência prazerosa tem me servido como aprendizado constante na discussão do que é a essência das marcas. Com esse seu novo livro, Renato torna pública a metodologia que criou para a compreensão relevante das distintas dimensões das marcas."

Giovanni Vannucchi,
Partner, Head Executive e Creative Director TABA
Fundador Oz Estratégia + Design.

"Num momento histórico em que o propósito das marcas se tornou o grande assunto no marketing e na estratégia das empresas, Renato Figueiredo traz uma abordagem nova e fresca, questionando o senso comum e as verdades da nossa época por meio de um olhar minucioso, inteligente e estimulante.

A marca além do propósito amplia nossa visão sobre o significado das marcas, mostrando o valor da distinção que gera confiança, a identidade original que promove a verdadeira conexão e a importância do sentido que cria impacto, colocando de volta o foco no que importa — sua construção de valor.

Suzana Ivamoto
CEO e CO-FOUNDER Playground Lab Design

*A todos que se dedicam a
deixar boas marcas daquilo
que fazem com verdade e paixão.*

SUMÁRIO

PREFÁCIO	10
APRESENTAÇÃO	14
I. INTRODUÇÃO	20
II. O ENGANO DO PROPÓSITO	36
III. REPUTAÇÃO, ESTILO E IDEIA (R.E.I):	60
AS TRÊS DIMENSÕES DAS MARCAS	60
A Reputação	77
A Reputação na história das marcas	83
O Estilo	92
O Estilo na história das marcas	100
A Ideia	113
A Ideia na história das marcas	115
IV. O BRAND AIM: AS HISTÓRIAS ESTRATÉGICAS DAS MARCAS	126
A Plataforma R.E.I (brand crown)	152
V. O PROPÓSITO DO BRANDING	156
APÊNDICE	161
O Brand Pace: a interface das marcas com seus contextos	162
AGRADECIMENTOS ESPECIAIS	178
NOTAS E REFERÊNCIAS	180
ÍNDICE REMISSIVO	188

PREFÁCIO

O convite para prefaciar uma obra é sempre uma honra e uma responsabilidade. Uma honra porque manifesta o reconhecimento de uma autoridade na pesquisa e na formação no âmbito da temática do livro, e no caso, também uma expressão de afetos mútuos. Uma responsabilidade porque espera-se que o texto seja capaz de dar visibilidade ao que há de mais essencial e inovador na obra, convidando o leitor a iniciar uma viagem por meio do texto. Um prefácio é uma espécie de passaporte-convite.

Agradeço ao Renato Figueiredo, que foi meu aluno na graduação em Publicidade na Escola de Comunicações e Artes (ECA), na Universidade de São Paulo, a quem pude acompanhar também em sua trajetória no mestrado em Ciências da Comunicação, em eventos da área, em suas produções e reflexões na articulação de publicidade e marcas. Renato era a expressão do aluno inteligente, inovador, sofisticado e cônscio de sua condição de estudante da melhor universidade pública da América Latina, portanto, com compromissos claros de estudo, pesquisa e retorno à sociedade. Não é surpresa que se formou e atua como pesquisador-consultor na área do branding, com competência, sensibilidade e postura experimental, aquela típica dos que compreendem que a dúvida é o motor do avanço do conhecimento e da atuação eficaz. Por isso, a obra *A marca além do propósito* tem, já no título, uma instabilidade, uma perspectiva crítica, uma abertura que direciona o futuro.

Já na introdução, Renato apresenta a discussão sobre marcas fortes a partir de questionamentos que estimulam a reflexão. Saindo da obviedade, o autor traz complexidade e adensamento às visões rasas que compreendem a fortaleza da marca a partir de parâmetros glamourosos, sendo o propósito o mais significativo no momento, deixando de lado algo que é fundamental e determinante: um produto ou serviço que funcione e em que todos confiem. Propõe uma relativização sobre as propostas clássicas que apresentam receitas de "sucesso garantido". A primeira constatação é a de que há diversidade de caminhos para a construção das marcas. Parece lógico, mas não é. As receitas, modelos, padrões para a criação e o fortalecimento das marcas surgem em profusão nos manuais de marca, que mais se parecem com os textos de autoajuda, incluindo a resiliência, um dos modismos mais nefastos dos últimos tempos.

A obra é apresentada em quatro capítulos, além da introdução e do apêndice. As reflexões iniciais trazem adensamento à compreensão do propósito, articulando os legados e as armadilhas, o que demonstra conhecimento teórico-prático avançado, uma vez que fazer a crítica julgadora é simples, mas reconhecer os ganhos, nem sempre. É no segundo capítulo, destinado à explicação da abordagem R.E.I, Reputação, Estilo e Ideia, as três dimensões da marca, que a inovação do pensamento e da proposta do autor se materializa. Pautado na semiótica de Charles Sanders Peirce e nas apropriações teórico-metodológicas da Semiótica da Marca, Renato, sem se intitular semioticista, compreende e nos oferece uma junção problematizada entre gestão e comunicação da marca com as três instâncias do signo, oferecendo a Reputação, o Estilo e a Ideia (R.E.I) como síntese teórico-metodológica para a construção e a sustentação da marca na contemporaneidade. Aqui, não posso deixar de manifestar meu orgulho. Aquele orgulho próprio de quem vê frutificar um ensinamento que já está tênue na memória pelo passar dos anos, mas que foi capaz de formar e transformar, significado primeiro de um professor. Não vou aqui detalhar as três instâncias do R.E.I porque Renato o faz com maestria ao longo de todo o capítulo, por meio de ponderações teóricas e exemplos práticos. O quarto capítulo é destinado às estratégias das marcas, mantendo o fundamento teórico na articulação com sua vivência de consultor de branding, o que permite o adensamento nas rentabilidades do R.E.I. O último capítulo intitulado "O propósito do branding" é um tipo de metanálise da articulação propósito-marca, retomando a indagação inicial sobre o que faz uma marca forte, o autor reitera a importância de sair das análises fixadas na performance das marcas em direção a sua essência, ou seja, a capacidade de distinguir as ofertas, construir vínculos e de impactar positivamente a vida das pessoas.

O apêndice é dedicado ao *Brand Pace*, uma espécie de aprofundamento no contexto social, político e econômico da marca, levando à articulação com o conceito de espírito do tempo. Essa aproximação trouxe o fundamento para a compreensão dos diferentes impactos da marca na relação espaço-tempo-identidade, denominada pelo autor como "ritmo", ou seja, um movimento, uma cadência que singulariza e afasta qualquer possibilidade de homogeneização.

A marca além do propósito reúne o que há de melhor em uma obra, conhecimento aprofundado, articulado e crítico, experiência prática e inspiração. Um texto que já nasce referência para os alunos que querem compreender os meandros dos propósitos das marcas e para os gestores que se veem pressionados com os modismos mercadológicos, mas que não se limitam a aderir a eles, mas refletir com competência e sentido social. Como afirmou Peirce ainda no século XIX, o raciocínio, apesar de ser uma capacidade humana, não é exercitado por todos. Aqui temos o exercício da razão na busca do entendimento das marcas, levando à inovação na proposição de uma nova abordagem, que se mantém aberta e viva. Parabéns, Renato!

Clotilde Perez, Professora Titular de Semiótica ECA USP
São Paulo, 14 de novembro de 2023

APRESENTAÇÃO

Três grandes caminhos resumem esta iniciativa do Renato, no seu livro *A marca além do propósito*.

Primeiro, está o valor de se fazer uma contribuição sobre um tema do qual há pouca literatura disponível, a estratégia de marca. Há inúmeros *best-sellers* sobre as mais diversas táticas de marketing para gerar mais venda, fidelização ou inovação dentro das empresas, ou muitos títulos falando de branding, mas ainda poucos quando o assunto é especificamente estratégia de construção de marca.

Segundo, Renato enfrenta com coragem o tema que inundou o bate-papo dos últimos anos: o propósito. O autor traz uma interessante provocação sobre esse tópico que entra quase no automático em qualquer discussão sobre marca, e que prescindia, até então, de importantes confrontações. Será que o propósito é um assunto da marca? Ou será que deveria estar intimamente ligado ao âmbito do negócio? Ou mais, no âmbito dos acionistas e/ou no dos fundadores, ou seja, no âmbito de quem pode e deve sustentar a visão de longo prazo do negócio? A provocação de Renato é muito bem-vinda, e é conduzida de maneira consistente por sua sugestão de colocar o foco da marca nos temas da Reputação, do Estilo e da Ideia.

Como terceiro ponto, é valiosa a contribuição de uma reflexão da estratégia da marca, muito além do posicionamento, em um olhar fundamentalmente dedicado à escolha do caminho da construção de marca, algo que, particularmente, sempre trago à tona nos debates e reflexões que tenho junto aos CEO's e gestores de marca. Antes de se preocupar apenas com o que se denomina "posicionamento", e o que muitos hoje chamam de "propósito", vale se perguntar: qual é a estratégia da marca? Qual o caminho possível para a sua construção? O que de fato é capaz de fortalecê-la e sustentá-la a longo prazo? Nos últimos anos, observamos um grande distanciamento da ideia do posicionamento do olhar clássico de onde ele surgiu com, por exemplo, a obra fundamental de Al Ries e Jack Trout. Naquela época, havia uma concepção mais pragmática e mercadológica de sua função na vida de uma marca. Hoje o que observamos é que a maior parte dos "posicionamentos" se torna muito mais conceitual, muito mais frágil. De farmácias a cosméticos, de bancos a suplementos, os posicionamentos das marcas apontam hoje para lugares muito parecidos. Por isso a provocação de um pensamento voltado antes à estratégia da marca, muito colado à estratégia do negócio, é muito pertinente.

Dessa indiferenciação nasce também a importância do olhar estratégico para o tema do Estilo, que considero ser, dentre os três pilares propostos neste livro, o de maior relevância para a construção de marcas fortes nos atuais mercados. Enquanto a Reputação não pode prescindir de tempo para ser construída, e a Ideia é algo que fundamentalmente nasce com a concepção do negócio, o Estilo é o tema que deveria estar na agenda de maior preocupação do *business*. Como, afinal, se diferenciar em um mercado tão dinâmico, repleto de inovações e modificações, sem a consciência desse tema crucial para capturar a singularidade dos negócios?

A tentativa de diferenciação pelo discurso tem muitas narrativas já saturadas. Basta ver o caso de grandes marcas, que recentemente renovaram suas identidades: enquanto o discurso traz pouca novidade, é em sua expressão que podemos achar as maiores diferenças. Em minha experiência na criação de talvez mais de mil marcas para diferentes empresas em diferentes setores, afirmo sem medo que essa preocupação dificilmente está presente no dia a dia de seus gestores. Falta-nos Estilo! Falta uma maior Consciência, Coerência e Consistência entre as formas, entre a expressão e a personalidade que podemos imprimir em cada um dos pontos de contato que são, se bem orquestrados, as melhores maneiras de deixar um registro indelével em quem experiencia o que fazemos.

O valor do olhar estratégico dessa questão do Estilo talvez seja mais importante do que o olhar para o próprio posicionamento, ou a frase que o expressa. O Estilo é essa "pedra angular" que ajuda a examinar a marca e enxergar que vale carregar mais nesse ou naquele aspecto. Se você tem uma grande Ideia de negócio, você agrega o Estilo e acelera o processo. Se a Ideia não é tão boa assim, o Estilo aparece com ainda mais relevância estratégica para o sucesso da empreitada.

Peço licença ao autor para, dentro de seus seis arquétipos estratégicos da construção de marca, propor aqueles nos quais encontramos o Estilo na base como os mais relevantes. É o Estilo que sempre alimenta Reputação e Ideia na vida das marcas. É o Estilo que gera a Reputação, e é o Estilo com o qual se executa uma Ideia a principal forma como uma marca será lembrada. E, claramente, é no Estilo que reside a maior capacidade de contribuição de profissionais e consultores que, resguardados do dia a dia de uma complexa e intensa operação dos negócios, podem oferecer contribuições para seu fortalecimento.

Num cenário fundamentalmente dominado por modismos, que usualmente prescinde de uma discussão mais estratégica, a provocação de ir além do propósito e pensar sobre essas outras dimensões da marca, com grande relevância para seu Estilo, vai além do necessário e mostra-se, acima de tudo, uma tarefa cujo engajamento pode ser

APRESENTAÇÃO

prazeroso e capaz de abrir novas avenidas para marcas e negócios dos mais variados tipos, tamanhos e estágios.

Talvez de fato nos falte uma estética a serviço de uma ética, ou melhor, dessa nova ética que as empresas estão se propondo assumir.

Boa leitura!

Luciano Deos, Founder e CEO do GAD, consultoria estratégica de marca com mais de 35 anos de atuação com marcas líderes em seus setores.

INTRODUÇÃO

O que faz uma marca forte?

As respostas para essa pergunta variam conforme quem a responde. *Consultores de marca* geralmente preferem marcas que possam ter relevância em realidades futuras, a despeito de seu tamanho de mercado. Citam marcas com discursos corajosos e inovadores, que geralmente são contra o que o mercado sempre fez. *Executivos* ponderam a resposta ao olhar para a robustez do negócio que cada uma representa, tendendo a descartar as mais incipientes, e focam negócios estabelecidos ou que já provaram sua rentabilidade. Com isso, citam marcas muitas vezes pouco inspiradoras, ou que representam organizações grandes demais para guiar a construção de um negócio menor ou mais novo. Já *o consumidor final* tende a um olhar mais pragmático e emocional: relata a marca que mais lembra em cada categoria, ou a que mais gosta. *Como definir, afinal, o que é uma marca forte?*

Em uma tentativa de trazer uma resposta mais definitiva, *os índices de valor de marca*, que medem o chamado *brand equity*, buscam juntar essas perspectivas. Essas metodologias partem da mensuração de fatores como a chamada saúde de marca, ou seja, sua lembrança, preferência, uso e recomendação, combinada a análises financeiras que medem sua influência para o resultado do negócio, a partir da diferença entre o valor de produtos com marca e de produtos "genéricos", ou aplicando outras metodologias de mensuração de ativos intangíveis (marcas e patentes). O cálculo de *brand equity* é complexo, porém resulta, talvez, nos retratos mais objetivos do que seria uma marca forte. Mas, por mais que ofereçam interessantes metodologias de avaliação, *esses índices geralmente carregam certo incômodo para quem está interessado em analisar as estratégias por trás das marcas participantes: nem sempre elas são exemplos ou reflexos do que se indica no cânone das melhores práticas do branding contemporâneo.* Nem todas são exemplos de marcas com foco no consumidor final, na experiência ou na promoção de boas práticas ASG, a sigla para Ambiental, Social e Governança (em inglês, ESG). *Menos ainda são aquelas construídas ou explicitamente orientadas pelo que se convencionou chamar de propósito.*

Olhando os últimos resultados do índice de *brand equity* no Brasil,[1] vemos figurar por lá: Itaú, Porto Seguro, Natura e Nubank, ao mesmo tempo que Bradesco, Brahma, CVC, Assaí, Lojas Americanas, Drogasil, Atacadão e outras. Algumas dessas marcas podem ter recentemente vindo a público declarar seu propósito, mas grande parte delas não fez essa declaração de forma veemente e não demonstra ter tido seu crescimento pautado por um. Da mesma forma, temas como a experiência do consumidor, o foco na cultura organizacional ou as posturas exemplares nos âmbitos ASG, apenas para citar alguns outros exemplos contemporâneos da prática convencional do branding, também não podem ser facilmente identificados.

O que esses índices nos mostram, então? Será que estariam ultrapassados e precisam dar mais relevância a esses assuntos e posturas? Por mais cruciais que eu mesmo acredite que sejam esses fatores, não acho que a questão esteja na confiabilidade dos índices. Esse aspecto me leva, na verdade, a desconfiar de que outros fatores menos "glamourosos" sejam ainda os grandes responsáveis, na prática, pela construção de marcas fortes.

Mas não são só os índices de *brand equity* que podem nos deixar desconfiados e curiosos sobre as dinâmicas que ainda estabelecem marcas fortes em nossas sociedades. Se observarmos, em nosso dia a dia, as marcas que ainda fazem a diferença em nossas escolhas, também não será possível observar as mesmas práticas com clareza. Pensamos em marcas de pneus, hospitais, equipamentos de ar-condicionado, objetos para casa, para construção, shoppings centers, pilhas e baterias, colas, produtos de limpeza, chocolates, consultorias empresariais, ou seja, quase qualquer tipo de marca. Poucas das que participam de forma relevante de nossa rotina no dia a dia nascem de um propósito ou entregam uma experiência extremamente diferenciada. Muitas delas são apenas as marcas líderes de seu setor e continuam ali, firmes e fortes, sem aparentemente entregar muito além do que um produto em que todo mundo confia. Outras são extremamente iguais entre si, mas mantêm parcelas de públicos fiéis que mudam suas escolhas numa taxa pouco atrativa para qualquer competidor. Enquanto isso, há outras que surgem com propostas novas em suas categorias ou arenas,[2] conquistam sucesso e até desbancam as líderes, mas não necessariamente têm um propósito voltado para a sociedade ou o meio ambiente. Será que essas marcas e esses negócios simplesmente não despertaram para seu papel social e no mundo em que vivemos? Ou será que elas intuitiva ou estrategicamente enxergaram alguma coisa que, embora não seja tão pomposa, seja a verdadeira "ciência" por trás da construção de marcas mais fortes? E ainda: será que essa tal outra maneira de criar marcas fortes nos afasta ou nos aproxima daquilo que é o "propósito do propósito": a construção de um mundo mais justo e sustentável?

Uma nova visão

No passado, em minha dissertação para meu curso de graduação na Universidade de São Paulo, em 2008, examinei o movimento das marcas assumindo papéis antes referentes apenas a setores governamentais, acadêmicos, sociais ou mesmo "revolucionários". Intitulada *Propaganda Além do Anúncio: Como a propaganda pode fazer mais pelas pessoas e pelas marcas?*,[3] minha reflexão se atentava ao movimento da entrada dos negócios nos âmbitos sociais, ambientais e *políticos* — políticos menos como política tradicional, "dos governos", mas principalmente no sentido mais amplo, o de "organizar a vida na pólis", nas cidades. Tamanha era minha paixão pelo tema que, já na abertura do estudo, apresentei a necessidade de uma "teoria social das marcas", ou seja, uma teoria que juntasse antropologia, psicologia, sociologia, economia e outros campos do saber, *para tornar visível a necessidade de se compreender o papel das marcas para além da venda, para além do convencimento, para "além do anúncio"; e mais perto, portanto, de um propósito.*

Alguns anos se passaram, e eu assisti, feliz, à busca por um propósito tomar conta da agenda corporativa e empreendedora. Parecia que as organizações estavam, enfim, entendendo o impacto de sua atividade na sociedade e no mundo. Natura Ekos, Dove, The Body Shop, REI Co-op, Patagonia e até as mais recentes Raízs, Pantys e Dengo são exemplos de marcas que adotaram um propósito profundo no centro de seu negócio e o administram para muito além de uma lógica publicitária. Sabem que esses propósitos estão no centro de sua cultura e de suas decisões de longo prazo. Natura Ekos e Dengo, por exemplo, cuidam de toda a sua cadeia de produção, preocupadas em fornecer uma remuneração justa para aqueles que cultivam a matéria-prima de seu produto e limitar o impacto ambiental de seu cultivo. Ambas trabalham de forma a preservar áreas florestais no Brasil, seja na Mata Atlântica, seja na floresta Amazônica, e têm especial cuidado com todos os demais ingredientes e processos de sua cadeia logística que não venham da floresta. A The Body Shop tem preocupações parecidas, além de se dizer "para sempre contra testes em animais", enquanto a REI Co-op é famosa por não realizar promoções na Black Friday e, em vez disso, fechar a loja e dar aos seus funcionários a possibilidade de fazer aventuras *outdoor*, algo muito conectado ao propósito da marca.

No entanto, ao mesmo tempo que me deparava com bons exemplos de empresas orientadas por um propósito, comecei a encontrar, com cada vez mais frequência, declarações de propósitos "de fachada", feitas para "cumprir uma obrigação", que estavam longe de refletir o que a empresa fazia em seu dia a dia e mais ainda de propiciar um impacto positivo no contexto em que atuavam. Cada vez mais marcas novas ou reposicionadas vinham a público declarar seus propósitos para engrandecer a experiência do que estavam oferecendo, mas, enquanto isso, a desigualdade continuava a se acirrar, e os índices ambientais pioravam numa taxa galopante.[4] O mundo não parecia mudar na mesma velocidade com que as marcas declaravam seus propósitos. E, como se não bastasse, o número de marcas fortes também não aumenta na mesma proporção: anos depois da publicação da literatura canônica do propósito, ainda encontramos marcas extremamente "vazias" nos topos dos já citados índices de *brand equity*. O imperativo do propósito não parecia responder de forma tão eficiente àquilo a que se propunha.

Aprofundando o olhar sobre o que a fixação pelo propósito poderia trazer para a sociedade, para além do *purpose-wash*, ou seja, a declaração de um propósito para poder se enquadrar na nova "etiqueta corporativa" e poder continuar a fazer o *business as usual*, com os mesmos valores e práticas de sempre, comecei a enxergar também outros problemas, como o chamado "sequestro de causas", quando empresas adotam causas e propósitos, mas acabam tirando a atenção e força de outros organismos sociais que estejam "cuidando" desses assuntos, mesmo com seus poucos recursos ou atratividade, sejam eles ONGs, sejam estruturas governamentais, intelectuais ou artísticas. Outra questão que começou a aparecer foi a temporalidade do propósito e sua possível "indistinção", quando empresas que se tornam as líderes de um discurso depois se veem forçadas a abandoná-lo por razões inerentes às exigências da

INTRODUÇÃO

novidade frequente em seus discursos, como acontece quando todas as construtoras passam a falar sobre convivência na cidade, todas as marcas de beleza falam de "empoderar a mulher" e todas as marcas de alimentação falam de uma nutrição mais saudável e natural. Quem quer se destacar precisa partir para o "próximo assunto quente". Assim, negócios dos mais diversos tamanhos são forçados a abandonar seus discursos, seja por questões comerciais, de desempenho, de eficácia, seja simplesmente pela "data de validade" e do "grau de novidade" e diferenciação que isso lhes traz. E a causa, o propósito antes alardeado por essas marcas, acaba se tornando órfão.

Enquanto isso, nós, consultores de branding, continuávamos a "vender" propósito para empresas, persistentes no sonho de um mundo melhor por meio da atividade empresarial. Empreendedores e presidentes de multinacionais continuavam a bradar suas missões "edificantes" por aí. Mas, inebriados pela ideia de poder gerenciar e construir a sua marca tendo visibilidade apenas de seu propósito, tanto consultores quanto líderes podem ter deixado de olhar com igual atenção e energia para outros pilares fundamentais da construção de marca, talvez até mais capazes de gerar um impacto positivo para a sociedade.

Em vez de olharem para a consistência do que estavam entregando para as pessoas, muitas empresas se preocuparam em atualizar seus discursos, mas afastaram-se de entregar valor real para seus públicos, ou até de colocar "em prática" seus propósitos. É claro que há exemplos de empresas que de fato viveram e alteraram suas realidades a partir de um propósito. Há diversos estudos[5] que mostram como algumas organizações tiveram resultados muito bons com a nova visão de seus papéis: maior direcionamento estratégico em relação a objetivos de longo prazo, melhora na cultura e maior engajamento e talvez até efetivos progressos em relação à causa a que o propósito está relacionado. Cada vez mais, o consumidor espera consumir produtos ou serviços que carreguem consigo uma preocupação ou responsabilidade social e ambiental,[6] e isso favorece essas posturas, quando bem aplicadas. Mas me parece que, na maior parte dos casos, *a busca por um propósito afastou as organizações do cuidado com aspectos que seriam tão ou mais relevantes para o impacto e o legado que deixarão para seus clientes, colaboradores e demais públicos e se tornou a principal e única ferramenta para melhorarem ou repensarem seu impacto na sociedade.*

Percebi que a efetiva operação de uma empresa orientada pelo propósito pode não funcionar para todas, e a maior parte das empresas pode acabar caindo no que chamei de "armadilhas do propósito". Por isso, hoje dou um passo para trás, acreditando que, justamente para termos um verdadeiro avanço em relação à participação social das marcas, *precisamos construir mais consistência e visibilidade no que fazemos enquanto marcas e negócios. Não tenho dúvidas de que a busca de uma postura mais responsável em âmbitos ASG, sociais, internos e ambientais deve ser uma preocupação crescente de todo e qualquer negócio. Mas não consigo mais dizer o mesmo sobre a busca de um propósito como centro de toda e qualquer marca. Acredito que investir no que realmente é capaz de construir valor para as pessoas e negócios, de acordo com a verdadeira possibilidade de cada organização, pode ser mais interessante do que prever que todo negócio precisará ter uma vocação sociológica ou ambiental em seu core e em suas principais declarações.*

Todo esse cenário foi o início da história que me levou a construir as metodologias e teorias que apresento aqui. Percebi que o frenesi do propósito revelava algo ainda maior: uma certa "cegueira" para os aspectos relevantes que contribuem de fato para a construção de marca. Na academia, poderíamos chamar isso de "buraco epistemológico", ou seja, uma lacuna na literatura de branding a respeito da visibilidade, da consciência sobre o que realmente é capaz de construir marcas fortes no tempo. O que enxergo é que esses saberes já existem e já são praticados, mas podem ser esquecidos pela fixação nesses novos ditames da construção de marca: seja o propósito, seja a experiência, seja a inteligência artificial e o *martech*. É hora de começar a consolidá-los em uma visão mais consistente na construção de marca, menos aficionados pelas últimas "modas" do branding, mas com a prudência e honestidade de considerá-los de uma forma complementar. Este livro é apenas o início dessa jornada.

Meu entendimento fundamental é o de que *nenhuma marca se constrói da mesma forma que outra, mesmo dentro de uma mesma categoria, arena,*[7] *época ou mercado.* Num excelente capítulo escrito pela brasileira Silvia Lagnado,[8] enquanto estava à frente da estratégia de reposicionamento do McDonald's, ela declara que, enquanto debatiam a possibilidade de adotar um propósito mais "elevado" para a marca, entenderam que isso não fazia sentido para a cultura e a essência da empresa. Chama atenção o fato de que a mesma executiva esteve envolvida num dos processos mais icônicos das marcas que adotam um propósito: o de Dove e sua construção da causa da "Real Beleza". No caso da marca de fast-food, a conclusão foi a de que adotar uma proposta de valor mais direta e que falasse de uma forma que colaboradores e clientes pudessem se identificar mais era a melhor saída. A estratégia optou por ir por um caminho mais objetivo, menos "pomposo", e em "ser o lugar e a maneira favorita de as pessoas comerem e beberem".[9] No artigo, Silvia e seus colegas chamam atenção para a necessidade de uma reflexão estratégica na execução, na hora de avaliar a necessidade de se trazer um propósito para o centro da marca, e declara, com muita lucidez, que "nem sempre o que as marcas precisam é deste discurso tão conceitual e abstrato, e isso não quer dizer não ter uma postura responsável".[10]

Após todas essas experiências e vivências envolvendo o que chamei "o engano do propósito", precisamos entender a construção de marca de uma maneira mais ampla, de maneira a dar conta das demandas de um mundo em constante transformação, com positivo e inequívoco aumento da percepção do papel e das responsabilidades das empresas, mas que também considere as técnicas fundamentais e os aspectos responsáveis pela construção de marca. Só assim caminharemos para impactos mais positivos e consistentes da atuação organizacional nas sociedades e no ambiente.

Cada marca se constrói de uma forma

Veremos aqui, neste livro, que a construção do valor de marca parte de uma série de estratégias diferentes, ao contrário do que cada "moda" do marketing costuma postular. A partir de uma leitura teórica aprofundada sobre a natureza "científica" das marcas, que é baseada na semiótica[11] e de uma observação pragmática ao longo de minha experiência profissional, identifiquei uma série de decisões estratégicas que podem contribuir para a construção de negócios mais fortes. Este livro reúne algumas das principais dessas decisões, a iniciar pelo que chamei de três dimensões da construção de marca: a *Reputação*, o *Estilo* e a *Ideia*. Cada uma delas é uma forma de construir significado para pessoas. A Reputação é o aspecto mais concreto da entrega de cada marca em cada mercado: o que ela é e o que ela faz de melhor? O Estilo compreende a personalidade da marca, sendo um importante meio de se criarem vínculos com as pessoas de modo mais subjetivo. Já a Ideia mostra o que cada negócio veio fazer pelo contexto em que atua, seja a categoria, a vida das pessoas ou a sociedade e o meio ambiente, podendo ser essa proposta de valor calcada num propósito, ou não.

A partir desses três eixos, ficou fácil observar, por exemplo, que nem sempre as marcas nascem de um propósito, localizado no eixo da Ideia, assim como elas nem sempre conseguem se basear em elementos reputacionais ao serem lançadas. Cada cenário de mercado, cada contexto e cada potencialidade do negócio pede uma combinação específica desses três comportamentos, o que investiguei na chamada "história estratégica das marcas". Em interação com outras *decisões*, os caminhos da *Reputação*, do *Estilo* e da *Ideia* das marcas revelam os percursos particulares das *histórias estratégicas* que cada uma traçou ou pretende traçar para se constituir enquanto capaz de "deixar uma marca" para pessoas e negócios. Assim, ao mesmo tempo que *demonstram* os componentes mais relevantes para o significado das marcas, as três dimensões se revelam uma *maneira de entender as escolhas estratégicas* para a construção de valor.

Alguns paralelos poderão ser traçados entre o que chamei de Plataforma R.E.I e algumas outras "ferramentas" de branding já existentes. Uma delas é o famoso *golden circle*, de Simon Sinek, um dos maiores expoentes da necessidade de ser pautado por um propósito. No livro *Comece pelo porquê*,[12] o autor apresenta o *golden circle*, ou "círculo áureo" das empresas, no qual estabelece o *why* (por que você faz), o *how* (como você faz) e o *what* (o que você faz), colocando o "por que" em seu centro, e o "como" e o "o que" em sua periferia. Assim, Simon e seus seguidores estabelecem que toda empresa precisa "começar" ou se pautar pelo *why*, pelo propósito. Apesar de ser tentador ligar a "Reputação" à concretude do *what*, o Estilo às descrições do *how* e a Ideia ao âmbito do *why*, a lógica que estabeleço aqui é essencialmente diferente. O paralelo não deixa de ter algum sentido, mas a Reputação, o Estilo e a Ideia vão além dessas perguntas fundamentais. E a forma como Reputação, Estilo e Ideia interagem é conceitualmente diferente, a começar pelo fato de que não é possível observar uma hierarquia única entre essas três dimensões, ou seja, que todas as marcas fortes "começam" por uma "Ideia". Acredito que marcas diferentes estão em contextos diferentes e, portanto, têm vocações e desafios diferentes.

Outra questão inegociável para o desenvolvimento de uma nova visão sobre estratégia de marca é que ela fosse capaz de orientar o desenvolvimento não apenas das marcas de alto apelo ao consumidor final ou das que já nascem num mundo digital. Ao contrário, acredito que o pensamento sobre estratégia deve estar a favor de marcas de qualquer vulto, de qualquer natureza, seja ela corporativa, de negócios para negócios, de serviços pesados, de produtos de prateleira, de serviços financeiros, de outros bens de consumo, seja até de pessoas, celebridades, artistas, países, destinos turísticos etc. Essas diferentes "modalidades" não podem ser respondidas com a mesma receita, por mais nobre que ela seja.

Tamanho desafio só poderia ser percorrido com um novo olhar sobre as bases científicas do funcionamento das marcas, que pude desenvolver durante minha temporada acadêmica na Universidade de São Paulo, onde realizei minha graduação e meu mestrado, combinados a uma experiência com marcas das mais diversas categorias e tamanhos em mais de cinquenta projetos de branding para negócios de atuação expressiva no território nacional e internacional, desenvolvidos ao longo dos últimos quinze anos junto às principais consultorias de marca do país. Assim, o objetivo mais pretensioso desta iniciativa é o de nos tornarmos capazes de identificar como *qualquer marca* pode se beneficiar de estratégia, trazendo visibilidade à maneira como marcas fortes são de fato construídas. Este livro, de novo, é apenas o início desse processo.

É fato que já existe uma vasta literatura sobre estratégia de marca, como as obras de David Aaker,[13] Jean-Nöel Kapferer,[14] Kevin Lane Keller,[15] Alice Tybout e Tim Calkins,[16] Andrea Semprini,[17] Martin Lindstrom,[18] Adam Morgan,[19] Benbunan, Schreier e Knapp,[20] Clotilde Perez,[21] e diversos outros que também serão citados aqui. Também encontramos inegáveis legados e contribuições para a estratégia de marca misturados ao campo do management, como é o caso de várias das publicações de Philip Kotler. No entanto, eu sentia necessidade de um olhar renovado depois que o campo fora afetado pela "febre do propósito", a fim de trazer mais clareza para as bases elementares do branding, que versam sobre como os negócios de fato interagem com seus diversos públicos e o mundo em que atuam e que conseguem traçar uma divisão mais clara entre o que é expertise consolidada do marketing e o que é o novo domínio do branding.

INTRODUÇÃO

Nossa jornada se iniciará, no capítulo II, com uma discussão direta sobre o propósito, buscando reconhecer seu legado para a sociedade e para o próprio universo da estratégia de marca, e, em seguida, prosseguindo com as razões para questionar se seus objetivos estão realmente sendo alcançados, estabelecendo o que chamei "o engano do propósito". Na sequência, daremos início à discussão da Plataforma R.E.I. No início do capítulo III, mostraremos as bases lógicas ou científicas que nos levam ao estabelecimento das três dimensões das marcas e, para isso, passaremos muito brevemente pela importantíssima semiótica. Na sequência, faremos uma profunda discussão sobre a Reputação, o Estilo e a Ideia, conceituando cada uma das respectivas dimensões. No capítulo IV, analisaremos a participação de cada pilar no que chamei "história estratégica das marcas", e abordaremos algumas das diferentes configurações possíveis das histórias estratégicas das marcas, que correlacionam Reputação, Estilo e Ideia conforme o contexto do mercado e a realidade de cada negócio, novamente ilustrando com *cases*. Ao final, no capítulo V, mostramos como a ideia de ir além do propósito não é deixar de criar ou torcer por marcas orientadas por um "bem maior", mas sim que seguir o caminho do branding pela essência dos pilares R.E.I é o melhor meio de atingir tal fim. Em todos os capítulos, passaremos por *cases* e exemplos de marcas de grande conhecimento no mercado brasileiro, das mais diversas categorias, e traremos alguns exemplos e inspirações do mercado externo. No apêndice, discutiremos o que chamo de *Brand Pace*: uma metodologia para entender se as marcas estão jogando no "ritmo" mais interessante da sociedade. Ali discutiremos a real necessidade de cada negócio se diferenciar via uma postura social ou ambiental em cada mercado, frente a outras possibilidades ou necessidades de atuação já sendo apresentadas ou desejadas pelos mercados.

Acredito que a visibilidade da Reputação, do Estilo e da Ideia possa trazer caminhos e inspirações para a construção consistente de marcas com impactos relevantes para pessoas e negócios. Ao mesmo tempo, procuro deixar claro que nem por isso as empresas estão redimidas da necessidade de uma postura mais responsável por nosso planeta e nossas pessoas. Assim, espero que, ao final desta leitura, fique visível e compreendido o quão amplo é o espectro possível da construção de marcas com valor para as pessoas e os negócios nos mais variados mercados e tempos.

O ENGANO DO PROPÓSITO

A MARCA ALÉM DO PROPÓSITO

U m movimento interessante aconteceu nos últimos anos: as pessoas começaram a confiar mais em negócios e organizações privadas do que no governo para lidarem com assuntos e tarefas de importância para toda a sociedade. Segundo o Edelman Trust Barometer, um importante e reconhecido índice de confiança nas instituições, desde 2007 as corporações começaram a pontuar por diversos anos como mais confiáveis que os governos e a mídia. Isso quer dizer que as pessoas esperam mais das empresas do que do governo, em relação, por exemplo, à capacidade de inovar e promover mudanças, comunicar informações transparentes, pensar no longo prazo e costurar apoio global para tarefas relevantes. Outras pesquisas[22] também mostram como vivemos uma época interessante, em que se observa um aumento da confiança nas marcas como os principais atores para uma mudança em nosso *status quo* e em nosso *modus operandi*, ao mesmo tempo que também se passa a exigir delas essas posturas.

Alguns fatores colaboraram para esse cenário. A política e as instituições convencionais, em tese as responsáveis por organizar nossas vidas e prover condições igualitárias e humanas a todos, se mostraram inúmeras vezes pouco eficientes, corruptas, burocráticas, antiquadas ou extremamente morosas. No vácuo deixado pela ineficácia desses agentes, apoiadas pela linguagem simples e mais encantadora da publicidade e do próprio branding, as empresas conquistam a atenção e favorabilidade das pessoas.

De outro lado, uma pressão maior sobre as empresas fez com que as corporações olhassem de maneira mais atenta para suas práticas e políticas, vendo-se obrigadas a adotar uma postura propositiva em relação a temas sociais, ambientais e até de governança. Essa pressão surge a partir dos escândalos e das crises corporativas, desde fraudes e irresponsabilidades que culminaram em crises econômicas ao redor do globo, até questões envolvendo trabalho análogo à escravidão, como os denunciados por Naomi Klein, em seu icônico *Sem logo*.[23] No livro, a jornalista expõe como importantes e conhecidas marcas de consumo contratavam fornecedores e parceiros que, dentre outros absurdos, propiciavam condições de trabalho desumanas, escondidas em zonas de processamento de exportação em países asiáticos. Da mesma forma, desastres ambientais, como grandes vazamentos de óleo ou rejeitos de minério, e mesmo o colapso do sistema financeiro em 2008, aumentaram a pressão sobre as grandes corporações, ao custo de terem suas reputações completamente destruídas caso não agissem numa direção de recuperar seu papel de cidadãs. O tema é antigo, mas, mesmo em 2023, ainda vemos escândalos similares, desde os que envolvem as Lojas Americanas aos que abrangem terceirizados de produtores de vinhos no Sul do Brasil. A partir de acontecimentos como esses, muitas marcas e negócios se esfacelaram, enquanto outros mudaram suas posturas e políticas de modo ativo para poderem alterar esse destino enquanto fosse tempo.

Por fim, mas não por último, uma nova geração que acompanhou as desilusões das gerações anteriores com as frustrações no mundo corporativo, que enfrenta um cenário profissional em um mundo do trabalho muito diferente do de seus pais, menor, menos estável e nada acolhedor, acabou por encabeçar o questionamento de um estilo de vida até então vigente e começou a procurar mais satisfação pessoal em seu trabalho cotidiano e imediato. Aparece com clareza a busca por profissões com uma maior preocupação com o impacto de suas atividades e contribuição para o mundo além do mero sustento pessoal.[24]

Todos esses movimentos têm um inegável valor de um ponto de vista social, demonstrando uma evolução em busca da organização das pessoas enquanto sociedade de uma forma talvez mais sadia. No centro desses movimentos, estão as empresas e suas marcas. De um lado, aumenta a vigilância e o questionamentos das pessoas em relação às atitudes e posturas empresariais, e, de outro, as esperanças por um mundo melhor recaem sobre as marcas. O resultado é a busca por uma postura que coloque, no centro de suas preocupações, seu impacto para a sociedade e meio ambiente. O marketing logo entende isso e começa a perceber o quanto empresas que se encaixaram nessa nova forma de pensar ganharam inegável relevância no cenário social e corporativo. É nesse contexto, aqui apenas brevemente rascunhado, que ganha força o conceito do propósito nos ambientes corporativos e até em organizações de menor porte.

Defensores da ideia trouxeram diferentes abordagens para a busca pelo propósito, desde o citado círculo áureo de Simon Sinek (ou *golden circle*), até uma abordagem do propósito profundo, como propõe Ranjay Gulati,[25] ou mesmo aquelas que se baseiam na filosofia japonesa do Ikigai. O próprio Kotler, inegável referência no marketing, também trouxe sua proposta do "marketing 3.0", por ele chamado "marketing das causas e do propósito".[26] No Brasil, também surgem expoentes dessas ideias, como foi o caso de Ricardo Guimarães, na Thymus Branding, com os *cases* do Banco Real e da Natura, ou de autores como Betania Tanure[27] e outros.[28]

A literatura da área enaltece os benefícios da empresa orientada pelo propósito e

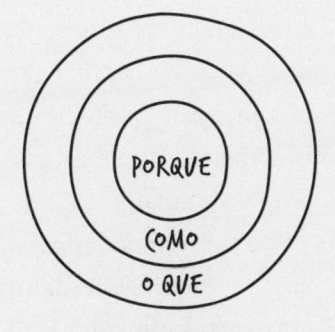

O *golden circle*, de Simon Sinek.

traz evidências verdadeiras destes, além de mostrar como essa "intenção esclarecida" pode ser muito prolífica, atuando tanto no direcionamento das ações e decisões internas de uma empresa, na atração de novos colaboradores, quanto, é claro, nas vendas. O propósito começa a fazer parte da pauta corporativa, inspirado por exemplos de marcas que adotam causas, como Omo, Tony's Chocolonely, Tom's, Whole Foods e outros já citados. Quanto mais a ideia evolui, mais explícita fica a importância da forte base na cultura organizacional de uma empresa para que seu propósito seja efetivamente "praticado" e vivido na corporação.

O propósito toma o lugar das tradicionais declarações de Missão, Visão e Valores (MVV), nas quais já imperava um tom genérico e pouco diferenciador. Junto a ele, a ideia de uma "causa justa", como defendida mais tarde pelo mesmo Simon Sinek,[29] também traz bons exemplos de práticas corporativas que, efetivamente, conseguem contribuir para um mundo mais interessante. A "Causa Justa", segundo Simon, é que "dá significado a nosso trabalho e a nossa vida. Uma Causa Justa nos inspira a nos manter focados além das recompensas finitas e de ganhos individuais e provê o contexto para todos os jogos finitos que temos que jogar ao longo desse caminho".[30]

Com a evolução da ideia, surgem crises que ajudam a corrigir a rota e aumentar ainda mais a necessidade de uma governança estrita dentro das empresas para garantir que todas as suas formas de atuação estejam em acordo com o que pregam. Foi o caso de escândalos envolvendo racismo e assédio por parte de instrutores da SoulCycle,[31] marca que embandeira a promoção do bem-estar, e polêmicas com a presença em territórios de conflito palestino e israelense de lojas da Ben&Jerry's,[32] que prega o pacifismo. Mesmo desafiada, a busca pelo propósito amadurece e se engrandece.

Como veremos adiante, nosso questionamento aqui não vai adiante na direção de descredibilizar essas importantes iniciativas de discussão e fortalecimento do propósito. A questão começou a se complicar quando a ideia ganhou corpo, e, de repente, das grandes às pequenas, todas as organizações estão em busca de revelar seu propósito e adotar suas causas, mesmo que de maneira desvirtuada do verdadeiro "propósito do propósito".

Seria possível argumentar que um propósito não tem necessariamente ambições sociais ou relacionadas ao cuidado ou recuperação do meio ambiente. No entanto, é claro o entendimento de que a "febre do propósito" não teria acontecido não fosse o brilho das declarações mais "elevadas": a motivação de quem se empenha na busca de um propósito se dá menos por buscar declarações como "nosso propósito é produzir o melhor chocolate do mundo" e mais por "nosso propósito é produzir o chocolate mais gostoso e mais justo e responsável do mundo". Portanto, a visão que se questiona aqui é se toda empresa deveria ter a condição e necessidade de declarar um propósito tão "épico" e "elevado" quanto a própria ideia de "ter um propósito" sugere.

Mas, antes de partir para uma análise das armadilhas do propósito, é ainda importante fazer *três grandes reconhecimentos de seu legado*.

Os legados do propósito

O primeiro fator que considero um "legado" da ideia da busca por um propósito é a contribuição para o crescimento da discussão e prática, dentro dos ambientes de negócios, de melhorias no ambiente de trabalho e também de temas antes restritos a outros universos institucionais, como a academia, as artes, a intelectualidade e as iniciativas do governo ou da sociedade. Organizações de todos os tamanhos começam a prestar atenção a alguns temas e movimentos de maneira mais atenta, participativa e efetiva quando passam a pensar seu impacto e responsabilidade no entorno, entendendo que dependem desse contexto, tanto para atrair e manter talentos dentro de seu quadro de colaboradores e parceiros quanto para vender seus produtos e serviços. Houve, sem dúvida, no mundo corporativo e na sociedade de maneira geral, um aumento da consciência a respeito desses temas. Basta ver a pauta em discussões internas nas corporações, ou mesmo de suas comunicações: passam a fazer parte assuntos relacionados ao feminismo, ao etarismo, a hábitos saudáveis, à orientação sexual, à identidade de gênero, ao urbanismo, à convivência e a muitos outros. Não só a discussão adentrou esse universo, como ajudou a criar políticas, comitês e novas culturas e práticas, em maior ou menor grau, nessa importante esfera da sociedade. Com a consciência de que o propósito depende de uma saudável e alinhada cultura organizacional e também de uma governança estruturada, o *walk the talk*, ou seja, "fazer o que se prega", começa a tomar mais corpo dentro das organizações. Mesmo que incipiente, o início da consciência sobre o assunto é passo importantíssimo para um avanço relevante nas reinvindicações dessas diferentes causas e para uma maior diversidade e melhor condição de trabalho dentro das organizações.

Esse aumento de nível de consciência coincide também com *a segunda grande contribuição do propósito, que classifico como a popularização do conceito e da prática do próprio branding*. Quando empresas e pessoas entenderam que uma marca era muito mais do que um logotipo e que ela passa pelo estabelecimento de toda a sua proposta de valor e de impacto para uma sociedade, o entendimento da dinâmica de como se constroem marcas ampliou seu domínio estritamente mercadológico, para mostrar suas interfaces com a vida das pessoas e com temas que vão muito além do consumo. Deixar uma marca é mais amplo do que apenas vender bem e envolve a capacidade de ler e interagir melhor com temas importantes para as pessoas com as quais a marca se relaciona. *E, quando o que se chamou de "branding" demonstra um entendimento maior dos temas "humanos" e da sociedade e tem maiores capacidades de entender a produção técnica e sensível do sentido das marcas, minha visão é que ele se revela como um "passo além do marketing"*. A ideia popularizada pelo "marketing" e pelo "mix de marketing" de que todas as decisões de uma empresa eram capazes de influenciar na venda de um produto ou serviço passa a ser ampliada, tendo que compreender também a interface da empresa com o que acontece fora dela e a seu redor: os temas da sociedade. Como defendia Suzana Ivamoto, em nossos projetos na Oz Estratégia+Design, o branding envolve, portanto, um entendimento mais completo da interface do negócio com todos os seus públicos, e tais habilidades são mais afeitas ao domínio de profissionais e da literatura relacionadas ao "branding" e menos ao "marketing" e suas táticas de venda e de mercado.[33] É preciso sensibilidade para falar e criar uma marca, como defende por sua vez Ronald Kapaz, um dos três fundadores da Oz. Por isso, não é possível falar de branding sem mencionar a força do legado do propósito, assim como não é possível falar de propósito sem a concepção de que a marca se constrói com a visão mais ampla do branding.

Por fim, *o terceiro grande legado da ideia do propósito é sua contribuição para o pensamento estratégico*, em vários âmbitos de nossa vida. A tomada de consciência de sua força como instrumento orientador de nossas ações é tão grande que passa a permear não só os negócios, mas as empreitadas humanas em geral. Seu impacto aparece até em nível pessoal: se quero guardar dinheiro, preciso saber o *propósito* que ajudará a não me desviar do caminho; se quero emagrecer, preciso encontrar um forte *propósito* que me ajudará a resistir às tentações cotidianas; se quero perder o medo de falar em público, preciso me lembrar do meu *propósito* maior com determinada apresentação e confiar naquilo que decidi para me sair bem. O *propósito* se revela como uma ferramenta orientadora vital na tomada de decisão de qualquer ato. Ele parece vir para ficar e marcar uma época.

As armadilhas do propósito

Apesar de inegáveis legados para o branding e para a sociedade, o mundo não se tornou um lugar melhor na mesma proporção em que as empresas passaram a declarar um propósito. O "frenesi do propósito" não resultou em melhoras diretas nas condições de trabalho, nos indicadores de desenvolvimento social e ambiental, ou em um aumento de marcas e negócios mais fortes. Ao longo de minha carreira como consultor de branding, não foi difícil encontrar razões para essa melhora não ter acontecido na mesma proporção. Como já foi explorado, existe uma intrínseca ligação do branding com o propósito, e por isso não é exagero dizer que, em quase todo projeto de que participei, esse assunto ou foi o centro da conversa, ou foi amplamente discutido. Não foi raro, em minhas vivências, encontrar alguns empecilhos para o sucesso da tal "busca" pelo propósito ou por sua aplicação. Chamei essas questões de "armadilhas do propósito".[34] Vamos a elas.

O propósito é lindo, mas muito distante da realidade

A primeira "armadilha" é clássica. Aparece quando se tem um propósito bonito, motivador, mas desconectado da realidade das empresas. Frases como "queremos ajudar as pessoas a conquistar sua liberdade financeira", "queremos transformar a relação das pessoas com seu corpo" ou "queremos ajudar as mulheres a quebrar padrões" são algumas declarações com as quais já me deparei mais de uma vez. São, em geral, declarações alinhadas com o "zeitgeist", com o que as pessoas buscam hoje. Algumas vezes, há até fortes razões para acreditar que tais organizações têm condições, por meio do produto ou serviço que oferecem, de ajudar as pessoas a alcançar tais objetivos. No entanto, a armadilha se dá pela presença de fatores completamente contrários aos que a declaração persegue. São, em geral, questões culturais, de clima organizacional, de postura ou de modelo do próprio negócio. Enquanto, na mesa de discussão, se conversava sobre a nobreza dos propósitos explicitados acima; nas internas, ouviam-se frases que demonstravam o outro lado da moeda: "Como vamos ajudar qualquer pessoa a ser mais livre, com o valor da taxa de juros que cobramos?", ou "queremos ajudar as mulheres a quebrar padrões, mas acreditamos que uma família 'normal' só pode ser composta por um homem e uma mulher", ou até: "Queremos declarar isso para fora, mas o clima de trabalho aqui dentro chega a ser insuportável!".

Já demonstramos como a cultura organizacional é parte crucial da dinâmica das empresas orientadas por propósitos. Quando o propósito é apenas uma declaração no âmbito da expressão e comunicação da marca, temos aí o "segredo do fracasso" para que essa ideia não seja plenamente vivida e acreditada por todos os maiores responsáveis pelo seu sucesso: os colaboradores.

O propósito é um moonshot

Algumas vezes, encontramos propósitos louváveis e que não encontram necessariamente barreiras na cultura da empresa, e os envolvidos realmente acreditam em valores capazes de fazê-los acontecer e partilham deles. "Ajudar as pessoas a ter uma vida mais saudável", "ajudar a prevenir certa condição em toda a população mundial" são alguns deles. Qual o problema, nesses casos, se não é a cultura?

Essa armadilha aparece quando temos pessoas engajadas nessas buscas, mas dificilmente a estrutura e o tamanho do negócio acompanham essas ambições: a estrutura não segue o lado humano. Quando olhamos para o alcance do negócio, ou seja, sua capacidade de espalhar essa mensagem e/ou seu próprio produto ou serviço, encontramos barreiras para que esse propósito se torne uma realidade: seja porque o mercado já é dominado por um ou mais concorrentes muito maiores, com mais capacidade de entrega, seja porque a própria empresa tem dificuldades historicamente notadas para se organizar e orientar para crescer. E o propósito se torna o que se chama de *moonshot*: um tiro para a Lua, tão distante da realidade, que acaba perdendo a capacidade de engajar. Por motivos diferentes dos da primeira armadilha, esse tipo de propósito encontra o mesmo fim: ser uma frase de "enfeite" na parede, com tão pouca credibilidade para o time envolvido em ajudar a persegui-lo, que não consegue chegar ao consumidor final muito menos à sociedade.

Nosso propósito não engaja

Conscientes das primeiras armadilhas, muitas empresas buscaram maneiras para ultrapassá-las e criar propósitos mais críveis e honestos. Mas é aí que surge a terceira armadilha: as propostas longas, "insossas" e, embora críveis, pouco engajadoras. É nessa hora que o propósito de "transformar a vida financeira das pessoas" se torna o "queremos ajudar a melhorar, parte por parte, a vida das pessoas por meio de X, Y, Z", ou "queremos mostrar para as mulheres que elas podem escolher uma vida diferente começando pelo tipo de cosmético que utilizam em seu dia a dia etc.". A frase se torna tão técnica, que parece um manual de instruções, uma receita de bolo, em que o resultado final, ou mesmo a motivação para obtê-lo, se torna distante.

Em outros casos, o propósito é um "truísmo", tão insosso quanto a declaração de que "o céu é azul", e serve apenas para dizer o óbvio. É como se um varejista, um supermercado focado em preços baixos, quisesse dizer que "ajuda as pessoas a fazer mais com seu dinheiro".

Nesses exemplos, o propósito pode não encontrar contradições imediatas na cultura da empresa nem ser um tiro tão longe que não pode ser alcançado, mas se torna quase tão pequeno quanto, por exemplo, um objetivo de comunicação. Em vez de um propósito, tem-se algo mais parecido com um "briefing" para uma próxima ação publicitária: "Vamos criar uma série de vídeos sobre educação financeira para nos conectarmos às dores de nosso público", ou "vamos mostrar os diferenciais de nossos cosméticos na próxima campanha, mostrando que, se a mulher faz certos tipos de escolha na vida dela, ela precisa fazer o mesmo com os cosméticos".

Nosso propósito é genérico

Muitas vezes as declarações do propósito precisam abarcar os objetivos estratégicos do negócio, a cultura interna, endereçar os desejos e as necessidades dos públicos finais e ainda ter um tom mais "épico" e engajador. Não é difícil de se imaginar que a solução precise caminhar para uma *abstração* abrangente o bastante para ser capaz de atender a todas essas necessidades. E assim aparecem declarações que antigamente se localizariam na *upper ladder* da marca: aquelas que falam de maneira mais "filosófica" sobre a finalidade daquele negócio, tocando as pessoas de maneira não só emocional, mas *filosófica*. Não raramente se tem a adoção de "verbos" e expressões como "transformar", "cuidar", "ser parceiro" ao redor ou mesmo no centro dessas declarações.

Apesar de o processo que leva a cada uma dessas frases ser inegavelmente particular, assim como o significado para o qual cada uma aponta, *sua forma final acaba por "igualar" todas as reflexões e apagar suas peculiaridades*.[35] Por exemplo: o banco tradicional que "não quer ser apenas um banco, mas sim uma plataforma parceira da vida das pessoas", acaba tendo a mesma descrição de uma start-up pouco conhecida que tem as mesmas pretensões.

Na tentativa de que aquela declaração seja concisa o suficiente para se projetar como um "guarda-chuva" sobre todas as atividades e ações da marca, as empresas acabam criando declarações esparsas, intangíveis e pouco capazes de identificá-las.

Seja por tentar fugir das outras conhecidas armadilhas, seja por tentar abarcar todos os desejos estratégicos futuros de uma corporação, muitas vezes o que acontece é terminar num propósito bonito, sem conflitos com a cultura ou possibilidades da empresa e teoricamente capaz de engajar, mas que, na prática, é fraco e indiferenciado.

O propósito que não é um propósito

"Gerar lucro para poder reinvestir na sociedade". Tem-se aí uma das declarações dignas de um estudo sociológico mais profundo, já que deixa muito claro o quanto as companhias procuram engajar em propósitos nobres, mas sem abrir mão do que sempre foi entendido como sua prioridade: gerar lucro expressivo para pouquíssimas pessoas. O próprio Simon Sinek já demonstrou como esse tipo de declaração, muito comumente encontrada, é o oposto do que deveria ser um propósito.[36] *Declarações que não mudam a mentalidade tradicional do que é operar um negócio são apenas mais um exemplo de como se encaixar numa nova " forma", mas mantendo os mesmos valores.*

A declaração é desatualizada até em âmbitos estratégicos que não concernem ao estabelecimento do propósito. Philip Kotler já sugeriu o fato de esse tipo de postura estar desatualizado até com as próprias definições do marketing: em seu livro *Os 10 pecados mortais do marketing*, por exemplo, o renomado autor cita casos de negócios que entenderam que, se buscam sucesso, sua prioridade não deve estar no acionista, mas sim no colaborador, como no caso dos hotéis Marriott, ou no cliente final, como no caso da Jonhson&Johnson.[37]

Uma contradição essencial

Até aqui listamos algumas "armadilhas" inerentes à própria declaração do propósito. Mas vamos nos aprofundar nas armadilhas que surgem como consequência dessa apropriação do propósito no mundo empresarial para a sociedade. A principal delas é o que chamo de "contradição essencial" desse movimento: o fato de que as empresas podem não ser as melhores instituições para buscar certos propósitos.

Mesmo que as pessoas confiem cada vez mais nas organizações do que nos governos, como já vimos, no geral, as primeiras não estão preparadas técnica e estruturalmente para executar certas mudanças, já que não se trata de sua atividade *core*. Empresas não estão pensando intelectualmente na causa em que atuam, como o faz o ambiente acadêmico ou cultural, e não estão olhando para todo o contexto e toda a cadeia de impacto daquilo que estão propondo ou de que estão cuidando. Ao contrário, elas estão antes preocupadas se essa causa ou esse propósito têm conexão com seus objetivos de mercado e se o ambiente de negócios está sendo favorecido. É aí que está geralmente sua expertise, e não no primeiro conjunto de habilidades.

Considerar todas as empresas como protagonistas para redefinir os moldes das atividades e relações humanas não condiz com a razão e a maneira como são estruturadas. *Há um conflito de interesses que pode colocar em xeque a credibilidade dessa tarefa altruísta, visto que elas dependem de um negócio saudável para prosperar.*

É claro que há casos de negócios que se estruturam a partir de um propósito e com isso criam toda uma cadeia para olhar e executar de fato o que se propõe, como é o caso dos tênis Vert/Veja, dos chocolates Dengo e dos cosméticos Natura Ekos. No entanto, a maior parte das empresas não está estruturada assim.

Acredito ser imperativo que não nos esqueçamos de reconhecer que o papel da mudança e evolução da sociedade ainda deve ser representado com relevância pelos movimentos sociais, pela academia, pela intelectualidade, pela política, enfim: os locais instituídos de nossa sociedade que têm não só direito, mas a neutralidade e os meios para tanto. É imperativo também que as empresas *apoiem, possibilitem e credibilizem* esses "locais" e agentes, e não que se sobreponham a eles, evitando recair numa próxima armadilha perigosa: o sequestro das causas.

O sequestro de causas

Munidas de boa intenção, mesmo empresas que conseguem aplicar seus propósitos de forma a gerar mudanças efetivas na sociedade podem incorrer em efeitos prejudiciais ou, no mínimo, polêmicos. Isso acontece, por exemplo, quando as empresas "sequestram causas" que antes eram defendidas por ONGs e outras organizações da sociedade civil, embora com menos visibilidade e recursos. Entre 2017 e 2018, na França, o Carrefour foi protagonista de um *case* de "sequestro de causas" estudado em profundidade pelo professor Bernard Cova em um artigo publicado no *Journal of Public Policy & Marketing*, da American Marketing Association, a AMA.

O início do caso pode ser resumido da seguinte forma: "Para mudar a lei, o Carrefour, líder no varejo na Europa, decidiu desafiar a lei", criando o que chamou de "mercados ilegais" em seus supermercados, a fim de fazer consumidores conhecerem e poderem comprar variedades de frutas e verduras cultivadas a partir de sementes até então "ilegais", mesmo que para isso a rede sofresse consequências. Depois de oito meses de batalha jurídica intensa, em abril de 2018, uma nova lei foi votada permitindo que os fazendeiros cultivassem e utilizassem livremente suas sementes.[38]

Na França, como em muitos outros países do mundo, as únicas sementes permitidas para uso na agricultura são aquelas listadas e indicadas pelo órgão governamental competente. Essa prática tem origem na garantia da produtividade do campo e na proteção da propriedade intelectual das empresas criadoras das melhores sementes. No entanto, ela também acaba por proibir o cultivo de uma maior diversidade de espécies e impede que o agricultor use suas próprias sementes no plantio. Na França, essa prática já era combatida por algumas entidades, dentre elas uma espécie de ONG chamada RSP; em francês, Réseau Semences Paysannes (algo como a "Rede de Sementes de Camponeses").

Na ocasião, o Carrefour estava sendo atendido pela agência Marcel, que propôs à rede francesa a ideia de combater a proibição legal de uso de sementes, visando trazer alimentos diferentes e orgânicos ao consumidor e favorecer o pequeno produtor. Investigando a causa, a agência tomou conhecimento da atuação da RSP e tentou estabelecer uma parceria direta com a organização, que lutava pela causa havia anos. No entanto o Carrefour era visto por eles como grande inimigo, por ser um relevante ponto da cadeia que favorecia o uso das sementes reguladas. Por isso, a agência encontrou grande resistência nessa tentativa de aproximação. A agência então optou por estabelecer uma parceria direta com alguns dos pequenos produtores, possibilitando o lançamento da ideia e a disponibilização dos produtos agrícolas para os clientes do Carrefour nos "mercados proibidos" que abriu nas unidades do varejista. Combinando a isso uma forte campanha em prol da aprovação da lei que permitisse o cultivo das sementes até então ilegais, em abril de 2018, a rede varejista obteve sucesso em sua empreitada e fez questão de anunciar sua conquista.

O grande problema, nesse caso, é que a lei era objeto de luta da RSP há mais de dez anos e só pôde ser proposta para votação graças aos anos de esforço da própria ONG. Tudo o que o Carrefour fez foi atrair mais atenção pública para a causa, a partir de sua força e estrutura, conseguindo assinaturas suficientes numa espécie de abaixo-assinado para garantir a aprovação de um processo que só havia sido colocado em votação pelos esforços anteriores. Tal caso configura um grande exemplo do que Bernard Cova classificou como "sequestro de causa", tendo a RSP sua causa "sequestrada" pelo Carrefour na ação dos "mercados proibidos". Além de não dar os devidos méritos à RSP pela conquista conjunta, a varejista também esvaziou suas já pequenas possibilidades de ação e projeção, criando inclusive conflitos entre os produtores que apoiaram diretamente o Carrefour e aqueles que permaneceram fiéis à associação.

Assim, embora um aparente *case* de sucesso e de uma aplicação profunda de um propósito que consegue inclusive mudar as leis, percebemos que a apropriação de causas e "cooptação" de organizações da sociedade pode ter consequências questionáveis. No futuro, se por outras razões, como a das outras armadilhas que apontamos aqui, a varejista abandonar a causa, o prejuízo pode ser ainda maior. Por isso, em vez de trazerem todo o esforço para si, no desempenho do que o professor chamou de "marketing flavoured CPA", ou "atividades políticas corporativas com 'sabor' de marketing", as empresas precisam se atentar para a necessidade de construir o apoio àqueles que são os agentes que têm histórico de luta pelas causas, têm propósito futuro comprometido com elas e já colecionam avanços nos temas.

O propósito ficou velho de repente

Marcas que não são fundadas por um propósito, mas apenas estão "buscando revelar o seu", podem incorrer nesta outra frequente armadilha: trata-se da inscrição da lógica do propósito na mesma temporalidade da propaganda, ou seja, o fato de as frases e declarações do propósito estarem geralmente sujeitas às lógicas da publicidade e precisarem ser revistas com o tempo, sob pena de dificultarem que as marcas atinjam seus objetivos comerciais. *Nesta armadilha, portanto, além dos prejuízos possíveis para a sociedade, começamos a ver os efeitos diretos da "fixação por um propósito" para o próprio negócio.*

Quase tudo que cai na lógica publicitária tem uma temporalidade curta: às vezes, precisa se readaptar ou se alterar para continuar capaz de atrair a atenção e o desejo das pessoas. Ela também pede uma constante distinção: pode ser difícil repetir uma mesma ideia que passe a ser corrente em alguma categoria, mesmo que não seja a da marca. "Feminismo", "empoderamento", "convivência", "diversidade", "etarismo" são exemplos de temas que passam a ser *dissolvidos* não só entre marcas de uma mesma categoria, mas de universos diferentes, e por isso param de gerar possíveis distintividades para quem adota esse discurso.[39] Logo, muitas marcas podem ser forçadas a alterar, evoluir ou até abandonar completamente esses discursos para não prejudicarem seu desempenho de mercado.

Além dessa "data de validade", a lógica da publicidade ainda pede que essas declarações sejam curtas, fáceis de entender e espalhar e que tragam consigo alguma "sacada criativa". Todas essas determinantes ajudam essas *catchphrases* a serem atrativas e sagazes, mas não ajudam, necessariamente, a defender os pontos de vista que precisam defender, nem com a complexidade que merecem. Nem sempre (ou quase nunca) toda a reflexão estratégica cabe nessa frase, tampouco nesse formato e em seus ditames.

Por último, também vale apontar que outro elemento para colaborar com a "temporalidade" do propósito é o fato de que as ambições do negócio, bem como seu quadro de acionistas, costumam flutuar com frequência, devido a cenários de constantes fusões e aquisições.

Todos esses fatores tornam o estabelecimento da "estratégia por meio de frases" ainda mais desafiador. Com *frequentes mudanças no negócio e no cenário de mercado*, a estratégia de marca não pode se restringir à rigidez do "posicionamento via *tagline*", sob a pena de ter que alterá-lo com frequência. Por isso é necessário ir além e estabelecer outras ferramentas tão importantes quanto as frases de resumo do propósito. O branding não pode se restringir ao propósito.

O propósito que cega

Por fim, mas não menos importante, a última armadilha acontece quando, norteada pela necessidade de estabelecer uma frase-propósito, a reflexão da estratégia de marca falha em endereçar de maneira correta novas descobertas relevantes para sua construção. É comum se descobrirem questões em aspectos cruciais do negócio, envolvendo, por exemplo, a oferta (produto ou serviço), o portfólio da empresa e os aspectos culturais, ou mesmo serem constatadas incoerências e falta de clareza na estratégia da organização em si. Apagadas pelo brilho da busca do propósito, essas descobertas e esses momentos de reflexão acabam perdendo espaço, sendo postergados para outros fóruns, que, muitas vezes, podem não ter sequência.

Quando o principal objetivo de uma reflexão de branding for o verdadeiro fortalecimento da marca, e não apenas o estabelecimento de um propósito, tais aspectos não deverão ser escanteados. É necessário entender o espaço correto para sua discussão e endereçamento dentro do mapa estratégico da marca.

O engano do propósito

Estabelecemos algumas armadilhas que mostram os efeitos advindos dessa busca pelo propósito que podem recair sobre o próprio objetivo de tal tarefa e, na sequência, podem acabar gerando outras consequências sobre a sociedade e para o desempenho do próprio negócio.

AS ARMADILHAS DO PROPÓSITO		
Características do PROPÓSITO >	geram efeitos para a SOCIEDADE >	e efeitos para o NEGÓCIO
Propósito é distante	Uma contradição essencial	Temporalidade do propósito
Propósito é *moonshot*	Sequestro de causas	Propósito que cega
Propósito não engaja		
Propósito é genérico		
Propósito não é propósito		

Tais armadilhas nos ajudam a enxergar o engano do propósito: quando a tentativa de orientar um negócio por um propósito com cunho social ou ambiental pode gerar efeitos negativos ou até contrários ao que se propõe. Acredito que haja excelentes exemplos de organizações que conseguiram estabelecer mudanças profundas em sua cultura e operação, ou até já nasceram assim. Mas, para a esmagadora maioria, a realidade não é a mesma. Nem todas as empresas têm maturidade estrutural para estabelecê-las, e a busca de um propósito pode revelar uma contradição essencial à forma como uma empresa se organiza, se orienta e opera.

Enquanto estrategista de marca, houve momentos em que defendi a adoção do propósito, procurando mostrar aos executivos envolvidos a importância da mudança de postura e de sua adoção. Anos atrás, imbuído por exemplos de sucesso, uma visão e uma esperança em uma mudança na postura corporativa, entendi que essa era a melhor e mais nobre estratégia. Hoje, entendo que é hora de mudar. Cada vez mais fica patente a necessidade de dirigirmos a conversa para outros fatores tão ou mais importantes até para a construção da marca e do verdadeiro impacto do negócio para a sociedade e o meio ambiente.

Se a menor ênfase na "busca por um propósito" ou até seu abandono pode sugerir um enfraquecimento na necessidade de pensar sobre o impacto da atividade organizacional no mundo, minha visão é que continuar praticando-o da forma como muitas organizações fazem hoje pode, justamente, nos levar ao efeito contrário. Um propósito claramente distante do dia a dia, da cultura, da operação, das práticas e possibilidades de uma empresa acaba por afastar e frustrar ainda mais os colaboradores e funcionar como mais uma tática publicitária vazia para todas as pessoas, quando não traz consequências negativas para a sociedade e para o resultado do próprio negócio. Forçar um propósito quando ele não existe só afasta as empresas de desempenhar atividades de uma forma que tenha mais a ver com suas vocações e só alimenta o *purpose-wash*, a "lavagem por propósito": uma espécie de "etiqueta corporativa" do mundo atual para poder "continuar no jogo". Nem todas as empresas têm o "dom" de salvar o mundo. Todas elas, no entanto, têm o dever de ajudar a melhorá-lo.

Adoção das causas justas e novas posturas ASG

Acredito ser mais genuíno colocar na pauta de todas as empresas a adoção ou contribuição para causas maiores do que si, não necessariamente únicas, mas que colaborem para a construção de novas posturas em sua maneira global de atuação. Há, afinal, uma diferença crucial entre empresas que se propõem a um propósito de algo que não diz respeito imediatamente a sua atividade diária, financeira e mercadológica, e aquelas que se propõem a realizar sua atividade com uma nova postura, desempenhando suas tarefas com responsabilidade e seguindo critérios ASG, por exemplo. Acredito que a adoção dessas novas práticas ou até o apoio a causas são condições *sine qua non* já em todos os segmentos. Não há dúvida de que devem ser a pauta de prioridade em negócios que tenham consciência de seus impactos, uma percepção que surge como legado muito positivo e relevante do contexto da busca do propósito. Enquanto ter um propósito pode não ser a realidade de todos, adotar novas posturas é uma obrigação.

É fácil obter, a olho nu, uma noção do impacto da atividade humana sobre o clima do planeta e do meio ambiente, bem como sobre a visível desigualdade social e incontáveis exemplos de injustiças e prejuízos causados a parcelas relevantes da população, antigamente vistas como minorias. Não bastasse isso, estruturas "formais" têm sido impostas a países e bolsas de negociação de ações como condições para atuação das empresas, sejam regras para negociação de papéis, sejam acordos climáticos na Europa ou mesmo até sanções a negociações com países agropecuários que não estejam de acordo com as boas práticas para o ecossistema: cada vez mais novas posturas são necessárias, urgentes e obrigatórias.

Assim, o tópico da preocupação ASG e até o da adoção das já citadas causas justas, ao contrário do propósito, devem assumir centralidade em todas as mesas de discussão para negócios que se pretendem sustentáveis num prazo cada vez menos longo do que imaginamos. O mundo pede novas posturas e formas de operar.

Quem deve buscar o propósito?

É claro que algumas organizações já entenderam uma possibilidade de atuar em outra esfera de jogo: a do chamado "jogo infinito" e a da verdadeira orientação e razão de existir a partir de um propósito. Simon Sinek define o que chamou de jogo infinito como parte de uma mentalidade infinita, que não enxerga apenas uma linha de chegada, mas um caminho mais amplo em que todos podem sobreviver e não há vencedores ou perdedores. Trata-se, a meu ver, de uma nobre mentalidade a ser perseguida, mas difícil de ser aplicada por qualquer um, sem recair em armadilhas.

O argumento que, no entanto, sustentou até hoje a necessidade de todas as empresas passarem a se orientar por propósitos é o de que, no futuro, os negócios atuais seriam substituídos por negócios com tais orientações. Continuo torcendo para que isso aconteça, mas, na prática, observamos que hoje ainda surgem negócios novos que tornam outros obsoletos sem se basear apenas no propósito. São negócios tecnológicos, que subvertem a lógica de serviço dentro de uma ou mais categorias, deixando marcas relevantes por terem inventado algo novo ou por apresentarem uma inovação num jeito de fazer algo. Todos eles são o que chamei de "marcas de Ideia", marcas que se constroem, principalmente, por trazerem uma "novidade" para a categoria ou para a sociedade. Marcas de drones, carros elétricos, alimentos funcionais, novos tipos de academia e serviços e diversos outros exemplos continuam a aparecer nos mais diversos mercados, como sempre aconteceu na sociedade moderna. Muitas vezes, suas capacidades de marcar vêm principalmente dessa inovação. Qual a marca de carros elétricos mais futuristas? Qual a marca de uma nova maneira de se locomover pela cidade? Qual a marca mais famosa de drones? Qual a marca de câmeras voltadas para gravar a performance em esportes radicais? Conseguimos chegar à resposta para essas perguntas e também nos lembrarmos dos atributos de cada marca, sem necessariamente passar por uma reflexão ou lembrança de seus propósitos, se é que eles existem. É claro que há marcas "contemporâneas" que surgem com uma inovação, mas fazem isso de forma condizente a um propósito, como é o caso de Raízs, Pantys, Liv Up[40] e outras. Mas, mesmo nessas, é interessante estabelecer uma separação entre a relevância da Ideia a partir da competente entrega da inovação que prometem, e a junção disso a uma declaração de um propósito ainda maior.

Acredito já ter deixado claro aqui o que o engano da busca pelo propósito pode trazer para sociedade e para os próprios negócios. Mas como ter maior clareza de como um setor ou categoria estão de fato organizados? O quanto "marcas com propósito" têm feito a diferença e são requeridas no mercado em comparação com o quanto marcas com "novas ideias" têm surgido para fazer a diferença? Nos debruçamos sobre esse assunto no capítulo *Brand Pace*, no apêndice do livro, no qual investigaremos as diferentes "harmonias" possíveis entre negócios e desejos de uma sociedade. Na sequência, vamos analisar portanto como as marcas podem ir além do propósito e construir sua Reputação, seu Estilo e sua Ideia.

III

REPUTAÇÃO, ESTILO E IDEIA (R.E.I):

AS TRÊS DIMENSÕES DAS MARCAS

As marcas têm significados que podem variar conforme o contexto. Em alguns momentos, uma marca pode ser simplesmente percebida como mera identificadora de um tipo de produto. Em outros, pode se revelar como um estímulo que desperta outras associações ou lembranças emocionais. Por fim, também pode se mostrar como símbolo de um movimento, tendência, costume ou comportamento maior que ela própria. Essas dimensões agem sempre em conjunto, ou seja, pensamos nelas quase simultaneamente. Mas é possível estudá-las de maneira isolada, a fim de compreender a maneira como as pessoas se relacionam com os diferentes níveis de significado das marcas e, com isso, entender como elas são construídas. *Assim, teremos mais chances de visualizar as oportunidades e melhores estratégias para construção de seu valor.*

Pensemos em uma marca hipotética de chocolates dos anos 1980: podemos identificá-la apenas como uma "marca de chocolates", e não de carros, xampus, leites condensados ou qualquer outra coisa. Também podemos entendê-la como uma "marca que lembra chocolates da infância" e, por fim, podemos ficar sabendo que ela se propõe a ser um "símbolo de resistência dos velhos tempos", quando a vemos hipoteticamente patrocinando uma feira de brinquedos eletrônicos antigos, ou quando assistimos a um curto vídeo seu no YouTube. Vemos aí três maneiras de enxergar uma mesma marca, todas elas agindo em conjunto para criar os significados e o valor que as marcas representam em nosso dia a dia.

Essas maneiras diferentes podem ser organizadas em três dimensões, que provêm, por sua vez, das três funções básicas das marcas, estabelecidas a partir daquilo que considero ser a base de seu funcionamento: a semiótica. Iremos, portanto, iniciar este capítulo por um brevíssimo entendimento do que é a semiótica, já que é quase uma desconhecida para a maior parte das pessoas e profissionais, mas é crucial para se compreender o funcionamento de tudo o que "significa alguma coisa para alguém".

O que é semiótica, afinal?

Em termos muito breves, a semiótica é a ciência que estuda como uma "coisa pode significar algo para alguém". E, já que as marcas são justamente "algo que significa alguma coisa para alguém", digo que é a esse "campo" do conhecimento que elas pertencem. *A natureza das marcas é semiótica.*

É importante a concepção de que *qualquer coisa* pode significar algo a alguém, não apenas uma palavra impressa com estratégia por trás, ou uma palavra falada com intenção. Afinal, quando falamos de "marcas", falamos de uma série de elementos capazes de gerar significado: um cheiro, uma cor, uma lembrança, um produto, uma experiência. Assim como um desenho num formato e cor específicos pode representar uma determinada fruta (ex.: maçã), uma fumaça no céu indica que, em algum lugar, há fogo, enquanto certos símbolos significam, por exemplo, a presença de sinal de *wi-fi*, mundialmente conhecido. Qualquer coisa pode ser capaz de produzir "significado" para alguém.

A cada um desses elementos capazes de significar algo para alguém, a semiótica deu o nome de "signo". Importante dizer que não há nenhuma ligação direta com a astrologia, apenas uma coincidência de termos. A "semiótica" é relacionada aos "sinais", ligada ao termo *semeion*, que quer dizer "sinal" ou "marca".

O significado dos diversos tipos de signos não é necessariamente fixo: depende do contexto em que estão aplicados e de uma série de outros fatores, dentre eles o ponto de vista que se escolhe para analisá-lo. Assim como uma palavra fora de contexto pode ter diversos significados, um desenho de maçã, ao mesmo tempo em um contexto, pode ser apenas um ícone que identifica maçãs; em outro, um sinal de que "algo foi feito com maçã" (um suco, uma torta, uma sobremesa), enquanto, em outro, esse desenho é símbolo de coisas diversas, desde o pecado original para a religião, até um dos negócios mais valiosos do mundo contemporâneo, a Apple.

Essa natureza "viva" e mutável do mundo da linguagem não quer dizer, no entanto, que não seja possível analisá-lo com uma certa sistematização. Basta compreender e respeitar sua essência e natureza mais básica: sua lógica própria. É necessário aplicar um ponto de vista que dê conta de sua essência de funcionamento, em vez de tentar analisar a comunicação como se fosse um sistema de trocas entre máquinas, como alguns dos principais modelos teóricos da comunicação até hoje "acreditam", ou de fazer o contrário e embasar seu estudo em seu caráter sociológico, sem compreender os processos lógicos e cognitivos da formação do significado. A meu ver, um ponto de vista singular para o estudo das marcas se dá com o estudo da lógica estabelecida pela semiótica americana.

Enquanto outros semioticistas (que é como se chama quem estuda a semiótica) se concentraram mais na linguagem verbal (as palavras), um americano chamado Charles Sanders Peirce se concentrou em estabelecer um "pensamento" que, acima de tudo, é um sistema lógico muito interessante de como as coisas, quaisquer coisas, significam. A semiótica de Peirce, também chamada de semiótica americana, é uma interessante observação e sistematização de como nós formamos o significado das coisas a partir de qualquer estímulo: cores, formas, cheiros, temperaturas, notas musicais, traços, ideias. A meu ver, ela lança uma lógica que mescla de uma maneira única a objetividade de um olhar mais exato com a complexidade que ocorre em qualquer tipo de linguagem.

A semiótica de Peirce ilumina as *diferentes maneiras* pelas quais qualquer coisa forma seu significado "prático" em nosso dia a dia. Para um aprofundamento nesse verdadeiro sistema lógico estabelecido pelo americano, vale citar as obras de Lucia Santaella,[41] que organizou e trouxe a público vários de seus textos, e de Clotilde Perez,[42] que o aplicou na publicidade e na estratégia de marca. Foi a partir de um paralelo lógico com essa "ciência"[43] que cheguei às três funções principais das marcas e, por consequência, as suas três dimensões.

As três funções das marcas

Toda marca tem como função primordial *identificar uma oferta* de algum negócio. Essa função macro pode ser decupada em três funções fundamentais, com o apoio e o "recorte" do olhar de Peirce sobre como funcionam os signos. Assim, partindo de um pensamento "livremente" conectado à semiótica,[44] de muita leitura a respeito de construção de marcas e comunicação, bem como de uma observação e experiência pragmática com elas, estabeleci seus três papéis fundamentais:

1. **DISTINÇÃO:** a função primordial de uma marca é identificar uma mercadoria ou serviço e dizer que ela é diferente de uma outra, pois provém de determinado fornecedor, que a faz e oferece segundo determinadas condições. A distinção[45] inclui a necessária capacidade de gerar confiança nas pessoas e garantir a procedência daquilo que ela representa.

2. **CONEXÃO:** as marcas são responsáveis por expressar a identidade de determinado produto ou serviço e, com isso, geram possibilidade de que as pessoas se identifiquem também com o que está sendo oferecido. A conexão é, portanto, a capacidade das marcas de gerar identificação e desejo das pessoas por aquilo que ela representa.
3. **IMPACTO:** por fim, as marcas mostram a serviço do que estão, deixando claro o resultado que as pessoas deverão obter ao consumirem seus produtos ou se relacionarem com elas. O impacto é "soma" de toda a capacidade de explicitar seu sentido, seu valor e o significado daquela marca para as pessoas.

Brevemente, antes de prosseguir, explicito, neste parágrafo, o paralelo de cada uma dessas funções que estabeleci livremente com a semiótica: quando a marca mostra o que ela é, o que ela faz, ela passa a "existir" e a exibir sua originalidade, sua autenticidade, por isso a distinção está no território da "primeiridade", da concretude do "existir". Já quando a marca mostra um pouco mais sobre quem ela é, como ela faz o que faz e a que mais ela pode se associar, ela pode ser capaz de gerar conexão com as pessoas, tendo sua conexão funcionando na lógica da "secundidade", da "associação". Por fim, quando estabelece o seu "significado" ou o "efeito" do que as pessoas devem obter ao se relacionarem com ela, tem seu impacto trabalhando na lógica da "terceiridade".

Por mais complicado que possa parecer, não é necessária muita sofisticação para enxergar as três funções em operação no dia a dia de qualquer marca. Tomemos como exemplo uma simples sorveteria hipotética de nome "Sorvetes Delícia". Seu nome já é capaz de identificar de que estabelecimento se trata, que tipo de produto é servido ali e que tipo de experiência esperar. O nome "Sorvetes Delícia" nos indica que se trata de uma "sorveteria" específica e que é diferente das demais "sorveterias da cidade" (por exemplo, outra sorveteria chamada "Sorveteria da Praça", ou "Sorveteria Italy"). Essa função básica da marca, a de dizer que ela é uma marca que representa um negócio diferente de outro, é fundamental para o "início da conversa". Trata-se da capacidade da marca de estabelecer sua distinção. Outra função básica: sabemos que um lugar chamado "Sorvetes Delícia" indica que devemos encontrar ali um certo tipo de produto: sorvetes. Também podemos imaginar que *tipo* de resultado esperar pelo significado da experiência que ela sugere: a de encontrar sorvetes "saborosos e cremosos" e ter momentos prazerosos. A "sorveteria da Praça" remete a uma experiência de "tomar sorvete na praça", diferente da outra. Temos aí a capacidade da marca de gerar ou não conexão. Mas tudo isso dependerá de nossa confirmação ao experimentar de fato o sorvete por ali ou de obter informações sobre o local, seja uma dica, um review, seja qualquer outra informação capaz de agregar significados. Podemos ficar sabendo que a "Sorvetes Delícia" faz parte de uma rede nacional de sorveterias, e isso a "distinguiria" ainda mais das outras sorveterias da cidade. Essa informação pode alterar minha decisão: "Que ótimo, vou a essa, pois confio nela", ou "não quero ir a uma sorveteria de rede". Também podemos ficar sabendo que a "Sorvetes Delícia" é, na verdade, uma marca de sorvetes com sabores exóticos, algo com o qual podemos ou não nos conectar, e podemos saber que a "Sorvetes Delícia" é uma marca que busca usar apenas ingredientes brasileiros e de pequenos produtores, outra informação que pode alterar a maneira como nos sentimos em relação à sorveteria ("não vou, prefiro algo mais tradicional", "deve ser mais cara", ou "vou escolher essa sorveteria, pois acredito no tipo de coisa que eles estão fazendo"). Trata-se, portanto, do estabelecimento do impacto da marca.

Assim, os significados que uma marca adquire ou constrói vão se organizando ao redor destes três eixos ou funções.

FUNÇÕES DA MARCA
DISTINGUIR, promover confiabilidade.
CONECTAR, gerar identificação.
IMPACTAR, dar sentido.

As funções das marcas são comuns a todas as marcas: todas elas apresentam, de alguma forma, os três papéis. Boas marcas saberão utilizar essas três funções de maneiras exemplares em seus mercados, e a maneira como elas cumprem cada um de seus papéis, como elas articulam e realizam essas funções, é variada. Essa maneira terá implicações para o negócio. É aí que chegamos ao estabelecimento do papel estratégico de cada uma dessas funções das marcas.

A forma como cada marca constrói seu significado dependerá de seu contexto, de suas vocações, de suas necessidades e capacidades. Uma marca pode ter uma força maior em sua capacidade de se distinguir das demais, e isso pode ser bastante relevante em seu mercado. Mercados que têm alto grau de exigência de credibilidade, confiança e segurança funcionam nessa lógica. Enquanto isso, em outro mercado (por exemplo, o da moda), uma marca precisa se "conectar com as pessoas e com os significados certos", e não basta se mostrar "diferente" dos demais negócios. Já em outros mercados mais concorridos, é necessário mostrar como e por que aquilo que o negócio está propondo é melhor que os demais. *Assim, entender as formas como cada marca articula suas estratégias de distinção, conexão e impacto é o centro da estratégia de marca. Quando conectei as "funções básicas" das marcas com seu papel estratégico, cheguei ao estabelecimento das três dimensões das marcas:* sua Reputação, seu Estilo e sua Ideia.

As três dimensões das marcas

A Reputação, o Estilo e a Ideia são as três dimensões fundamentais das marcas, três maneiras de enxergar como as marcas constroem sentido a partir de três estratégias diferentes: uma maneira mais "concreta e intuitiva", outra mais "subjetiva e emocional" e outra mais "racional e propositiva". Essas "dimensões" coexistem em diferentes graus nas marcas: há marcas que têm mais conteúdo (significado) reputacional, outras de Estilo e outras de Ideia. As três formas são cruciais para o sucesso de qualquer marca, e, quanto mais cada marca desenvolve cada uma dessas dimensões, mais ela terá chances de se tornar uma marca R.E.I em seu mercado, ou seja, de ter uma Reputação consolidada, um Estilo muito bem demarcado e uma Ideia clara para todos os seus públicos. Marcas R.E.I são marcas com alta distintividade, capacidade de se conectar e impactar seus públicos. A Plataforma R.E.I é também uma maneira de enxergar qual desses pilares deve ser desenvolvido por determinada marca e com qual objetivo. Assim, ao mesmo tempo que mostram como as marcas constroem seus significados, as dimensões nos ajudam a entender a estratégia por trás dessa construção.

Para estabelecer as três dimensões das marcas, parti do já citado embasamento na semiótica, de uma análise de marcas dos mais diversos tipos e categorias, de muita experiência com projetos de estratégia de marca e de uma extensa análise da bibliografia especializada. Por fim, também me preocupei em estabelecer um sistema que fosse facilmente identificável por qualquer pessoa que já tenha familiaridade com outras formas de se organizar uma plataforma de marca. No entanto, apesar de ser possível traçar paralelos com metodologias já conhecidas, o que apresento a seguir se pretende como uma lógica singular, diferente das que usualmente se utilizam na construção de marca, pois se pretende mais completa e embasada na lógica científica das marcas que já apresentei aqui. Assim, estabeleci as três dimensões das marcas:

DE ONDE VÊM AS DIMESÕES DAS MARCAS?	
FUNÇÃO	**DIMENSÃO**
DISTINÇÃO	REPUTAÇÃO
CONEXÃO	ESTILO
IMPACTO	IDEIA

A Reputação propicia às marcas o poder de se distinguirem de outras, de poder "deixar uma marca diferente das outras" e de indicar sua procedência ou origem, por isso se localiza no eixo da distinção. Mas não para por aí: faz parte da dimensão da Reputação mostrar o que é aquela marca, o que ela faz e no que ela é mais forte. A maneira como uma marca é lembrada é estratégica para também estabelecer a forma como ela será comparada e, portanto, avaliada. Uma simples descrição do negócio determina como ele será percebido, priorizado e escolhido pelas pessoas. As pessoas o verão de forma diferente se você apresentar seu chocolate como "presenteável" ou como "de supermercado", se sua start-up de criptomoedas for uma "nova forma de pagamento e fazer transações", e não apenas uma nova maneira de investir em cripto, e se sua sorveteria for uma experiência de degustar ingredientes de qualidade, e não apenas mais um local que vende sorvetes bem-feitos.

Na Reputação, encontramos todos os aspectos mais "concretos" do significado prático da marca. Essa "concretude" está mais ligada ao pragmatismo e à "simplicidade" da percepção do que aquela marca é, não sendo necessariamente apenas composta por atributos racionais, funcionais ou físicos. Atributos como segurança, confiabilidade, prestígio, presença podem ser considerados como componentes da Reputação da marca. Uma marca com muito prestígio em uma categoria tem o que chamo de uma entrega "concreta" desse atributo. Assim, elementos a priori "abstratos" também fazem parte das "concretas" características reputacionais. O que importa aqui é a descrição do que aquela marca é e faz de melhor.

A dimensão reputacional aparece com evidência quando, por exemplo, as marcas estão focadas em se fazerem identificadas com distinção dentro de uma categoria ou segmento. É o caso de marcas líderes, que não cansam de reforçar sua proeminência e dominância quando o assunto diz respeito a seu segmento de atuação (Vivo, Omo, Pirelli, McKinsey, Reuters, entre outras), ou mesmo de marcas técnicas, especialistas, que construíram credenciais para atuar naquele determinado segmento profissional (Oral B, Zeiss, Steinway & Sons, entre outras). Esse é o comportamento reputacional: *o do esforço para construir distinção e, com isso, credibilidade dentro de uma categoria.* Esse "esforço" aparece em todas as atividades da marca, de sua operação a seu relacionamento com seus públicos, da cultura corporativa ao tipo de discurso publicitário adotado.

Na sequência, uma outra dimensão aponta para a identidade, para aqueles "elementos" ou "conjuntos de elementos" que são capazes de identificar as marcas. É a dimensão do Estilo, que se conecta ao papel identitário da marca, de estabelecer sua identidade, apresentando "quem ela é". Quando a marca apresenta "quem é", inevitavelmente mostra certos "valores" e outras informações relevantes, mas não necessariamente verbais ou racionais. O Estilo compreende, no final das contas, a revelação do que a marca "pensa", por meio de sua expressão. Uma marca com nome "em inglês" pode denotar maior "modernidade", mas isso pode ser ou não favorável para ela em certo contexto. Uma marca que usa cores mais tradicionais e uma tipografia "convencional" em sua identidade mostra que não é tão "inovadora", mas que provavelmente entrega o que o consumidor espera daquele tipo de produto ou serviço. O Estilo propicia à marca o poder de se conectar com as pessoas que se identificam imediatamente com tudo o que ela comunica e assim se localiza no eixo da conexão.

Na dimensão do Estilo estão todos os conjuntos de associações e lembranças possivelmente feitas a partir da marca e que ajudam a criar seu significado. *A busca por um Estilo é a busca pela construção de uma identificação, uma conexão com as pessoas por meio do fortalecimento de uma identidade própria, que se conecta a outros valores, comportamentos, "gostos" ou referências.* Muitas marcas que mostram o Estilo como *base* de seu comportamento são, em geral, as marcas de moda, de bebidas, de hospitalidade, decoração e cosmética (Gucci, Absolut, Richards, Kitchen Aid, LeCreuset e outras). Mas o Estilo é um comportamento que perpassa várias marcas, mesmo aquelas que aparentemente não transitam no universo entendido pela palavra "estilo". Veremos, por exemplo, como essa dimensão pode ser crucial para a diferenciação em mercados em que a maior parte dos *players* tem atuação predominantemente *reputacional*, como o das operadoras de celular, postos de gasolina, marcas automobilísticas e de cerveja. Ela é vital para o jogo da preferência e da conexão com as pessoas, e, por isso, a reflexão estratégica sobre como ele deve ser abordado deve fazer parte da constituição de todas as marcas fortes.

Por fim, existe a superfície mais "cerebral", aquela que "dá o sentido do que a marca faz", que diz ao mundo o que a marca representa. É a dimensão da Ideia. A dimensão da Ideia se conecta ao papel da marca trazer um significado para a vida das pessoas, propor fazer algo melhor ou simplesmente diferente dos demais, ou mostrar que colabora para certo aspecto na vida das pessoas. A Ideia dá à marca o poder de impactar a vida das pessoas com as quais se relaciona, por isso se situa no eixo do impacto.

A dimensão da "Ideia" é aquela na qual enxergamos *o sentido da existência de uma marca, ou aquilo que justifica o fato de ela "deixar uma marca na vida das pessoas"*. A Ideia fica evidente, por exemplo, quando uma marca se propõe a trazer um novo ponto de vista para uma categoria, seja isso uma nova forma de fazer ou apresentar uma oferta (produto ou serviço), seja uma nova forma de abordar uma questão na sociedade. Aqui se encontram desde marcas que inauguraram segmentos, como quando Etna, Ikea, Gol e JetBlue inauguraram o segmento *low-cost* em suas categorias, até marcas que criaram novos serviços, como Pantys, Raízs, Peloton e Blue Apron, ou mesmo quando trouxeram novas "ideias" para a sociedade, como fez Dove e sua visão sobre a "Real Beleza", ou Natura e o "Bem Estar Bem". Todas elas passam a ter seu significado conectado a esse "tipo" de impacto que querem propiciar às pessoas, a partir de seu uso.

AS TRÊS DIMENSÕES DAS MARCAS	
REPUTAÇÃO	Concretamente: o que você faz e o que você faz de melhor? Quem é você e por que posso confiar naquilo que você me oferece?
ESTILO	No que você acredita e como isso determina o seu "jeito de fazer aquilo que você faz?" É mais moderno? Mais tradicional? Mais inovador?
IDEIA	O que você propõe fazer pelas pessoas? O que você propõe fazer de diferente em sua categoria?

Iremos explorar profundamente cada uma de suas dimensões, mas, antes disso, é importante começar a entender a interação possível entre elas.

As histórias estratégicas das marcas

Cada marca tem sua maneira de se firmar enquanto *algo que deixa uma marca*, e isso varia conforme o momento que elas estejam vivendo e conforme suas vocações. Assim elas constituem suas *histórias estratégicas: o percurso que fazem para construir expressividade em suas três dimensões, a Reputação, o Estilo e a Ideia.*

As três dimensões são fundamentais para o sucesso de qualquer marca, já que fazem parte de sua constituição, mas elas aparecem ou se fortalecem de maneira diferente na estrutura das histórias estratégicas das marcas. Cada uma determina objetivos e decisões específicas e resulta em comportamentos também distintos. *Marcas predominantemente reputacionais são mais afeitas à categoria, "respeitando-a" ou até sendo a referência dela. Já as de Ideia trazem uma nova proposta para essa categoria e, portanto, tendem a desafiá-la, enquanto as de Estilo são mais voltadas para "si próprias" e têm mais independência das demais.* Portanto, nem sempre o mesmo *comportamento* convive num mesmo momento, com a mesma ênfase, na maioria das marcas comerciais, salvo o caso das "Marcas R.E.I", aquelas que adquiriram tamanha maturidade nos três comportamentos, que tornam difícil distinguir qual é preponderante em sua estrutura, como é o caso das grandes marcas do momento (Starbucks, Apple e Google) e de outras mais novas e com estratégias muito bem construídas (Dengo, Nubank, Peloton).

REPUTACIONAL	ESTILO	IDEIA
Volkswagen, Fiat, GM.	Peugeot.	Tesla.
Nestlé, Lacta, Hershey's.	M&M, Toblerone.	Sneakers.
Samsung, Sony, LG.	Beats.	GoPro.
Brahma, Antarctica, Skol.	Heineken.	Michelob.
Cyrela, Gafisa, Even.	IdeaZarvos, Alfa Realty.	Vitacon, MaxHauss.
Ed. Cia das Letras.	Ed. Carambaia.	Ed. Labrador.
R.E.I		
Apple, Starbucks, Dengo, Illy.		

Para enxergar como cada marca estrutura sua história estratégica, utilizaremos o *Brand Aim*: uma ferramenta que nos ajuda a ter visibilidade sobre os três "momentos estratégicos" diferentes, nos quais podem se encaixar cada uma das dimensões:

- **A BASE:** seu "nascimento", ou aquilo no qual ela se apoia. O comportamento de base será aquele no qual a marca tem maior relevância, maior "afinidade" ou maior "conteúdo" a partir de sua fundação.
- **O MEIO:** o comportamento mais "instrumental" que a marca adota para construir seu valor.
- **A COROAÇÃO:** o sentido final que a marca constrói a partir de sua atuação.

A marca pode ter uma *base* reputacional, de Estilo ou de Ideia e usar *meios* que variam também nas três dimensões, coroando-se ao final com aquela que ainda não explorou.

POSIÇÃO NO AIM	COMPORTAMENTO
BASE	REPUTACIONAL
	DE ESTILO
	DE IDEIA
ESTRATÉGIA-MEIO	REPUTACIONAL
	DE ESTILO
	DE IDEIA
COROAÇÃO	REPUTACIONAL
	DE ESTILO
	DE IDEIA

As três posições são cruciais para o sucesso de marcas *expressivas*: a base tem importância inegável em sua fundação, o "meio" é a estratégia fundamental pela qual se ergue, e a "coroação", embora figure como a "última etapa" dá sentido e/ou protege e "demarca" toda a sua atuação. As "histórias estratégicas" podem ser contadas de duas formas:

1. **Cronológica:** de maneira a respeitar a construção no tempo, ou seja, em cada momento da marca, uma das posições estará a ser fortalecida. Na visão cronológica da história estratégica, a construção de sua base acontece antes do fortalecimento de seu "meio", que se revela antes da "coroação".
2. **Conceitual:** de maneira a identificar o papel que cada posição assume na história da marca, não necessariamente cronológico. Aplicada principalmente para marcas que já estão construídas; nestes casos, cada posição se revela de acordo com a preponderância que adquiriu na história da marca. Assim, a "base" não é necessariamente o que veio primeiro, mas o que se revelou com maior "expressividade" na construção estratégica daquela marca; o "meio", a principal "ferramenta" já empregada, e a coroação, aquele significado construído como consequência de sua atuação estratégica.

Cada marca, dentro de cada categoria, terá sua configuração e sua história estratégica. O estudo desses movimentos dentro de uma mesma categoria ou dentro de uma mesma marca se revelará interessante para se enxergar a possibilidade do fortalecimento da expressividade em cada uma das dimensões.

Veremos que cada dimensão e cada uma das configurações de sua história estratégica terão uma ligação muito próxima com as demais definições estratégicas que implicam a construção das marcas. Essas definições envolvem o que chamo de elementos da distintividade ou da saliência das marcas. São os elementos pelos quais as marcas se constroem de fato e que vão muito além de sua identidade (nome e logotipo). A priori, eu os separei em um conjunto de nove elementos, que estudam a construção de marca a partir de:

- **Lastro:** a ligação com outras marcas ou elementos que lhe deem credibilidade.
- **Oferta:** as qualidades do produto ou serviço em si.
- **Interação:** a experiência de uso, como atendimento, entrega, ambiente da loja etc.
- **Postura:** posturas relacionadas aos temas ASG.
- **Presença:** distribuição, estratégia de preço etc.
- **Identidade:** logo, nome e *assets* da marca.
- **Comunicação:** publicidade, ações de ativação, relações públicas etc.
- **Imagem:** imagem que a marca adquire na sociedade.
- **Recomendação:** nível de recomendação da marca.

Esses elementos, assim como a ferramenta que os articula e que batizei de *brand gear*, serão objeto de aprofundamento num próximo livro. No entanto, exploraremos algumas das interações das três dimensões na formação da distintividade das marcas, a fim de exemplificar como os três comportamentos podem interferir nesses diferentes aspectos da construção da marca.

Iremos examinar, ao final, o que chamei de seis maneiras arquetípicas de as marcas construírem suas estratégias, a partir da combinação entre esses três comportamentos e seus três papéis possíveis. Também examinaremos marcas que não conseguem se configurar em nenhum dos três comportamentos com clareza ou força suficientes, configurando as *bid brands*, ou "marcas-aposta", que atuam no mercado esperando uma chance de serem reconhecidas, estabelecidas e ganharem seus espaços. E, claro, falaremos sobre as marcas R.E.I: aquelas que conseguem expressividade nas três dimensões e se tornam o exemplo ideal de marcas fortes para pessoas e negócios.

A REPUTAÇÃO

A Reputação é o aspecto mais concreto das marcas. Numa metáfora, poderia ser comparada aos "minerais", à "base", à "fundação". Para alguns, passa como paisagem, como algo dado e desinteressante. Para outros, é o mais valioso segredo das marcas e dos negócios. É hora de falar da Reputação na história das marcas.

O que é a Reputação?

O que chamei de dimensão reputacional pode ser facilmente identificada numa marca quando ela entrega ou é a principal responsável pelos atributos de uma categoria. Geralmente, as marcas com forte presença da dimensão reputacional são aquelas que podem fazer *declarações*, por exemplo:

- "A maior marca de seguros do Brasil."
- "A melhor performance em pneus esportivos."
- "O calçado mais macio."
- "O carro mais seguro."

- "O panetone mais molhadinho."
- "Eleito o melhor..."

A Reputação é aqui entendida como *o aspecto ou conjunto de aspectos mais concretos da entrega de um negócio e que é capaz de distingui-lo dos demais*. A Reputação pode englobar os aspectos mais básicos e fundamentais de uma categoria: desde elementos que apenas identifiquem aquela marca com o que ela faz (uma marca de chocolates, de pneu, de refrigerante), ou mesmo os atributos fundamentais desta categoria ("a mais confiável", "a mais macia", "a mais perfumada", "a mais duradoura"). Mas a Reputação também pode dizer respeito a uma construção mais "elaborada": "a marca mais querida", a "marca mais tradicional" ou "a marca por trás do produto tal". Quando uma marca conquista qualquer tipo de *associação direta concretamente relevante para a categoria, podemos dizer que ela conquistou sua dimensão reputacional.*[46]

A concretude é uma característica importante para definir a Reputação: ela diz respeito àqueles significados relacionados a aspectos pragmáticos do consumo da entrega que determinado negócio representa. Essa concretude pode estar presente em qualquer um dos elementos capazes de construir marcas, da oferta à interação, da postura à imagem, ou seja, a Reputação pode provir de um produto de excelência, um atendimento inigualável, ou até de uma imagem construída pelo conjunto do que determinado negócio entrega: dependerá do que for relevante naquele contexto e para aquela marca.

A concretude da Reputação é mais facilmente identificada no que se convenciona chamar atributos "racionais" de um produto, mas também compreende aspectos que sejam relevantes dentro de uma categoria, por exemplo, no caso de marcas em que o status, o desejo e o luxo sejam *game-changers. Assim, a concretude diz respeito não à concretude do atributo em si, mas sim a sua relevância para o negócio.*

A relevância e o tipo de características "concretas" que constroem uma Reputação variam de acordo com seus contextos. Quanto mais uma marca for associada aos atributos mais valiosos dentro de uma categoria, mais concretude ela terá e, portanto, melhor expressividade em sua Reputação. No mundo das *utilities* (gás, luz, conexão de voz e dados etc.), por exemplo, *segurança e consistência* dos serviços são fundamentais. Já no mundo dos chocolates, *sabor, derretimento na boca* e *qualidade dos ingredientes* são centrais, assim como a *performance*, o *design* e a *imagem* (status) para automóveis, ou *performance em tirar manchas e preservação* dos tecidos, no caso de produtos para lavar roupa. A variação também pode se dar por diferenças de mercados: no mercado da cerveja, atributos como "leveza e refrescância" são avaliados de forma diferente no Brasil em comparação ao mercado internacional, por exemplo.

O eixo da Reputação também está ligado ao conceito da "originalidade", da "proveniência", da "aura", da possibilidade de dizer que aquilo é "verdadeiro", que é, acima de tudo, uma das funções primordiais das marcas. Afinal, a Reputação está ligada ao eixo da distinção, aquele que confere *qualidade* e *confiabilidade* a uma oferta, identificando-a diante das demais, provando sua distintividade e sua origem e identificando o responsável por essa oferta. O processo é simples de ser entendido: com uma constância, qualidade e manutenção de parâmetros específicos para cada mercado e categoria, as pessoas conseguem estabelecer um significado "positivo" para a entrega[47] de determinados negócios. A consequência natural desse processo, ao longo do tempo, é o estabelecimento de *um significado capaz de gerar uma atitude favorável em relação a um negócio, à Reputação de sua marca*.

A Reputação é primordial nas relações estabelecidas pelas marcas. Além do exposto acima, esse eixo é também responsável por aguçar uma memória, um atalho acerca de "qual marca representa os atributos que eu procuro". Ou seja, a construção de uma boa Reputação está ligada à formação de um bom "conhecimento" (*awareness*) e a uma rápida "disponibilidade" de sua marca na mente das pessoas. A dimensão da Reputação da marca está, portanto, intimamente ligada à *familiarida-*

de[48] e ao grau de *disseminação* que um negócio e sua marca adquirem num mercado. São duas conquistas fundamentais para a *performance* da marca e que podem contribuir para seu fortalecimento exponencial. Quanto mais disseminada, mais familiar. E, num ciclo retroalimentado, quanto mais familiar, mais chances de ser disseminada.

Embora seja relativamente fácil de entender e simples de se declarar, a construção e a manutenção da Reputação por parte dos negócios são extremamente complexas. Uma boa Reputação de marca é construída a partir de diversos aspectos da operação, desde a excelência na oferta, no serviço, na experiência de uso oferecida, até aspectos de postura e relacionamento. Também, é claro, depende de centenas de estratégias e capacidades do negócio, como inteligência logística e financeira, cuidado com a matéria-prima e outros fatores, para poder resultar nessa entrega que garante à marca sua Reputação. E, por fim, depende de constância de tudo isso ao longo do tempo.

Assim, falar de Reputação é falar eminentemente de *consistência* na entrega, de *coerência* entre todas as suas ações e de *consciência* de seus impactos no mercado, no ambiente e sociedade em que atua, para utilizar aqui os "três C's" que Luciano Deos utilizou ao falar de uma sólida construção de marca.[49] Não é tarefa fácil. Frente a todas as flutuações de mercado, clima, matéria-prima, leis, ou o que mais influencie um negócio, a manutenção da consistência exige muito esforço e trabalho, ao contrário do que a palavra pode denotar. Ao mesmo tempo, pequenas incoerências de posturas, especialmente provenientes de ações de promoção de marca, ou mesmo relativas à governança do negócio, são capazes de minar de forma crucial uma Reputação. A consciência e coerência entre as ações e falas é fundamental.

Por mais sólida que seja uma Reputação, qualquer escândalo na operação, atuação ou postura do negócio pode invalidar todo o seu histórico, e, por isso, ela é olhada com tanta preocupação, desde as marcas usualmente menos competitivas, como as marcas de *utilities*, até as mais sofisticadas, como as marcas de moda e sua necessária preocupação com as condições de trabalho em suas cadeias produtivas. Já diz o ditado: *"Leva-se anos para construir confiança e apenas segundos para destruí-la"*.

Nesse ponto, é importante salientar que a concepção de Reputação aqui apresentada é diferente daquela utilizada por institutos e até pesquisas que avaliam ou até medem a reputação das corporações. Nossa abordagem enfoca a construção do significado reputacional das marcas, e não necessariamente um índice de confiabilidade ou de imagem das corporações por sua atuação em determinados contextos ao longo do tempo. *Assim, a concepção da Reputação de marca que se faz aqui se refere ao significado concreto da entrega daquela marca, que é conceitualmente diferente dos índices e avaliações de reputação corporativa, ou seja, a postura, o* compliance *e o desempenho que podem garantir uma reputação para um determinado negócio.* Reputação corporativa e Reputação de marca, no conceito defendido aqui, são complementares e mutuamente influenciadas, mas conceitualmente diferentes.

Embora se conectem e sejam interdependentes, a construção da reputação corporativa é conceitualmente diferente da construção da Reputação da marca e está ligada a fatores distintos desses citados, como a retidão e constância na relação com parceiros, com clientes, governo, constância de suas atividades etc. Essa diferença de conceito é o que nos permite, por exemplo, conceber a construção "estratégica" da Reputação da marca, ou seja, da identificação dos fatores nos quais as marcas podem ter maior chance de destaque e, portanto, de construir sua Reputação (a reputação corporativa, no entanto, não é construída nem mantida da mesma forma).

A partir do entendimento do papel estratégico da Reputação da marca, é necessário também entender como ela irá "construir" ou fortalecer sua Reputação, olhando para todos os elementos capazes de criar marca: do lastro à oferta, da experiência à postura, da comunicação à presença.[50] Pode-se ter Reputação a partir de um lastro que, como o nome já diz, traga "peso" para aquela marca; pode-se ter Reputação pela oferta de um produto ou serviço que entregue da melhor forma os principais atributos requeridos numa categoria; pode-se ter Reputação por proporcionar uma experiência de uso incomparável (desde o atendimento ao pós-venda); pode-se angariar a Reputação por ter uma postura exemplar, que garanta que a "pegada ecológica, social e comportamental" daquela empresa seja a mínima; ou pode-se conquistá-la por meio de uma presença em ponto de venda que a garanta, dentre outras possibilidades.

Por tratar de fatores mais "concretos", a dimensão reputacional pode soar desinteressante para uma mente mais criativa e inquieta, como a de empreendedores, designers e até estrategistas. No entanto, sem a Reputação não há jogo para as marcas e, enquanto para alguns ela passa por algo pouco estimulante, outros têm a perspicácia e humildade de não desvalorizar sua importância. Em alguns mercados, essa solidez e magnitude podem ser suficientes para a criação de uma marca expressiva. Em outros, a expectativa é de algo mais surpreendente e que concerne às dimensões do Estilo e da Ideia. Mas, em todos os casos, a entrega concreta da Reputação por uma marca é imprescindível.

A REPUTAÇÃO NA HISTÓRIA DAS MARCAS

A Reputação pode ser construída de diferentes maneiras. Ela pode partir de uma associação simples à categoria (uma marca de chocolates), em um reconhecimento como líder (melhor marca de chocolates premium), ou em uma especificidade ou elaboração (a marca de chocolates com sabores brasileiros).

Uma das maneiras mais básicas de reconhecer uma base reputacional em uma marca é vista nos casos em que a marca é simplesmente reconhecida como uma "marca dentro de sua categoria": essa simples associação pode levar anos para ser estabelecida e é um importante trunfo no jogo do consumo. Se você produz azeite e é visto como uma marca "de azeite", por exemplo, pode não ter diferenciais para apresentar, mas uma simples Reputação como "marca de azeite" se torna um trunfo quando o consumidor o compara a uma outra marca da qual "nunca ouviu falar", e sequer sabe dizer "o que ela faz".

Este mero "reconhecimento na categoria" pode, é claro, se sofisticar. Os azeites Graza, por exemplo, se posicionam como "azeites extravirgem para cozinhar", ou até "azeites premium feitos para o dia a dia". Com isso, conseguem criar um espaço dentro da categoria, utilizando técnicas que há anos foram apontadas por grandes estrategistas como David Aaker.[51] A conquista de uma Reputação na categoria também pode se dar quando determinada marca se apropria de um atributo relevante nela e se torna a referência no assunto. É o caso da Volvo, com carros luxuosos e seguros; a Heineken e a sua ligação com uma cerveja puro malte *mainstream*; a Callebaut enquanto marca de chocolate premium para gastronomia, e a Toyota enquanto uma marca de carro premium "mais acessível", dentre outros casos.

Essa simples "descrição" do que a marca faz é um grande desafio e tem grande importância nos mercados atuais, que se reinventam a todo momento, ou são compreendidos por uma série de atividades paralelas difíceis de serem explicadas em conjunto. Um novo serviço financeiro pode ser entendido como um "banco digital", uma "carteira virtual", ou um "meio de pagamento": a forma como cada marca irá se apresentar irá determinar também a forma como será percebida e avaliada. Cada "apresentação" determina uma avaliação da relevância e desejabilidade das pessoas, bem como aponta para um "set de expectativas" diferentes: um "meio de pagamento" precisa ser prático, já um "banco" precisa ser mais completo. Façamos uma análise hipotética de uma rede varejista de materiais para escritório e organização. Se ela é vista como "papelaria", atualmente, pode ser entendida como "menos relevante, ou focada num segmento específico, o de suprimentos corporativos". Mas, se essa marca passa a ser entendida como uma marca "de organização", ou seja, que oferece soluções para organizar e viabilizar seu trabalho, ela pode passar a ganhar mais relevância para públicos maiores. A IBM é um famoso caso de "reposicionamento" de sua concretude reputacional: de fabricante de hardware, a marca se reposicionou para dentro do âmbito das consultorias. A forma como sua Reputação é construída pode ser determinante para a construção de valor das pessoas.

A dimensão da Reputação de uma marca pode ser construída a partir de uma "especificidade" proveniente de um Estilo diferenciado ou uma Ideia inovadora. Uma marca pode ser reconhecida em sua maturidade por seu método diferenciado, um Estilo diferente, ou por ter inovado em determinada categoria. Por exemplo, a Kumon ficou famosa por seu "método de ensino de matemática", a Texas Instruments se popularizou com seu "orçamento base zero", e a Tesla é vista como "a marca dos carros elétricos". Ideia e Estilo podem conferir Reputação, ou seja, qualidades concretas, para a marca.

Ao contrário do que "o senso comum do branding" prega — a necessidade de diferenciação intensiva[52] entre marcas para que estas tenham relevância em um mercado —, uma categoria pode ser composta de várias marcas reputacionais, competindo pelos mesmos atributos. É o caso da categoria de bancos, automóveis, telefonia, *utilities*, alimentos industrializados, cervejas, chocolates e incorporadoras. Há, por exemplo, dezenas de marcas atuando com Reputação no ramo da incorporação e construção na cidade de São Paulo: desde a grande líder Cyrela, passando por *players* como Gafisa, Even, Tegra, Setin, Helbor, EZTech, Alfa Realty etc. O mesmo entre Brahma, Skol e Antarctica, ou Lacta e Nestlé. Todas elas precisam apresentar entrega relevante em atributos-chave para poderem competir e, em conjunto, funcionam como "barreiras" para aquelas que não atingem seu patamar de entrega.[53] Entre si, no entanto, elas diferem pouco em sua Reputação. Assim, marcas que estejam fora do núcleo das marcas "reputacionais" dessa categoria são comumente conhecidas como as "marcas B" e geralmente competem por preço, mas podem ter sua Reputação ainda em avaliação ou formação. Por isso, o tamanho do espaço para marcas reputacionais é ditado pela dinâmica dos negócios que estão naquela categoria e depende do nível de "entrega" que os entrantes oferecem.

Assim como as outras dimensões, a Reputação não é estática, pode-se manifestar a priori, desde o início da história da marca, ou pode ser estabelecida como "consequência" de sua atuação, a posteriori, em uma diferente história estratégica. Vamos analisar as diferentes "histórias" do desenvolvimento da Reputação.

A Reputação como base

Marcas de categorias nas quais atributos como *segurança*, *credibilidade*, *força*, *prestígio*, por exemplo, precisam estar presentes geralmente são marcas preponderantemente reputacionais. Assim, é natural pensar em *bancos*, *seguradoras*, *utilities* em geral como marcas reputacionais em sua base. Da mesma forma, marcas de negócios que exigem grandes ou complexas estruturas para operação, como as de *farmacêuticas*, *indústria pesada*, *mineração e afins*, também costumam apresentar base reputacional. Itaú, Vale, Pfizer, Aché e outras são marcas com base reputacional por excelência. Mesmo marcas de universos mais *soft*, como o mercado editorial, de eletrodomésticos ou de brinquedos infantis, podem ser marcas reputacionais: a Companhia das Letras é líder no mercado editorial nacional e só publica autores aclamados, a Brastemp é sinônimo de qualidade em eletrodomésticos, a Play-Doh tem fama internacional e garante a segurança de seus brinquedos para os pequenos.

Pode ser difícil inovar em entregas que geralmente pedem grandes e robustas estruturas para serem entregues, por isso, geralmente, as marcas de base reputacional são as mais tradicionais. No entanto, no mundo das marcas, nada é impossível, e veremos que há casos de marcas inovadoras num mercado eminentemente reputacional, como foi o caso da operadora britânica Giff Gaff, da operadora virtual americana Mint Mobile, da empresa de energia Enel e mesmo do Nubank, citadas nos capítulos a seguir, já que não partem de bases reputacionais.

Marcas com base reputacional têm uma atuação geralmente muito atrelada à categoria, conectando-se a seus atributos principais, e isso acaba influenciando seu comportamento em suas diferentes estratégias de saliência. Por exemplo, essas marcas dificilmente terão uma identidade muito diferente do que se espera no mercado, um produto que seja insuficiente em atributos-chave, ou uma atuação extremamente nichada. Da mesma forma, o comportamento reputacional irá pautar as demais definições da marca: a estratégia de negócios irá na direção do estabelecimento dessa Reputação, assim como a cultura e a estratégia de gestão da marca estarão orientadas para a construção de atributos da categoria, e não necessariamente atributos de estilo ou inovadores. Da mesma forma, seu *Brand Pace* (ver Apêndice) tende a ser condizente com essa estratégia e provavelmente orbitará o segmento *mainstream* do mercado.

> **MARCAS COM BASE REPUTACIONAL COSTUMAM TER:**
> - Performance destacada no conjunto de atributos padrão da categoria.
> - Fatos e feitos que a destacam.
> - Estratégia de negócio pautada por Reputação, credibilidade e maior "conservadorismo".
> - Ligação com pessoas por meio de comportamentos mais *mainstream*, menos polêmicos.

Não é possível nascer com uma Reputação construída, mas é possível nascer com uma *base reputacional*: algumas marcas podem entrar no mercado lastreadas por outras, a partir de sucesso em outros mercados, ou mesmo entregando atributos da categoria, como foi o caso da cerveja Michelob, a primeira cerveja "light" e "saborosa" no Brasil (segundo seu próprio posicionamento), mas com fama internacional; da Azul Seguros, com toda a qualidade e segurança da Porto Seguro, ou mesmo das montadoras chinesas Cherry e JAC Motors, que surgem entregando a promessa de qualidade e preço mais acessível.

Às vezes é difícil inovar em entregas que geralmente pedem grandes e robustas estruturas para serem entregues. No entanto, no mundo das marcas, nada é impossível, e veremos que há casos de marcas inovadoras num mercado eminentemente reputacional, como o das *utilities* ou dos bancos, e que o fazem a partir de uma base na Ideia ou no Estilo, como as citadas Giff Gaff, Mint Mobile, Enel e Nubank.

A Reputação como meio

Quando a marca não tem em sua base o comportamento reputacional, mas tem necessidade de adotar elementos reputacionais para poder se diferenciar na categoria, podemos dizer que ela usa a Reputação como meio, ou uma diferenciação por Reputação.

É o caso de marcas de Estilo ou de Ideia que se associam a pessoas famosas, de credibilidade, a locais prestigiosos ou a canais com Reputação para poderem se fazer notar. Dengo e Havaianas são marcas que se utilizaram de sua presença em locais de prestígio: shoppings mais sofisticados, no caso da marca de chocolates, e a famosa rua Oscar Freire e o mercado internacional, no caso de Havaianas.

Quando marcas de base de Ideia ou de Estilo conseguem grande adesão do público, pode-se dizer que são *marcas que atingem o comportamento reputacional como estratégia de crescimento*. Mesmo que não dependa delas esse esforço, sua "história estratégica" é projetada para adquirir a Reputação a partir da grande adoção de suas propostas. É o caso de Uber, Quinto Andar (que oferece aluguel de apartamentos por meio de um processo digital e agilizado) e da "imobiliária que não só vende, mas compra apartamentos para reformar", a Loft. Todas adquirem *fama e adeptos*, ou *Reputação*, por conta de suas ideias inovadoras. Geralmente, nesses casos, as marcas também conseguem inaugurar a relevância em novos atributos-chave na categoria, trazidos por elas próprias como a "agilidade", a "facilidade", a "superioridade" no desempenho de determinada tarefa, antes incomuns para as marcas incumbentes, ou de base reputacional, daquele mercado.

Marcas que partem de uma ideia inovadora e têm como estratégia o intuito de se enquadrarem num novo nicho dentro de sua arena ou categoria, ou até de abrir uma nova arena ou categoria, também poderiam ser classificadas como marcas que têm na dimensão reputacional seu "meio", e não sua base. É o caso dos azeites Graza, que surgem com uma Ideia nova, e depois angariam Reputação a partir da fama dessa ideia, de associações, parcerias e presença em canais de renome.

A Reputação como coroação

Quando a marca atinge uma posição reputacional a partir de uma Ideia combinada a um Estilo, pode-se dizer que ela adota a Reputação como consequência ou como coroação de sua história estratégica.

Enquanto a "Reputação como meio" usa de certo atributo para se construir, a "Reputação como coroação" aparece quando determinado atributo passa a ser atribuído quase como o "sentido final" daquela marca.

A Muji, uma marca de Estilo, quando se diz a *"no brand brand"*, está usando a Reputação como vocação final: quer ser lembrada como a "marca das não marcas", de uma maneira reputacional a partir de uma essência de Ideia.

O Nubank, depois de ter tido a Ideia de ser um banco singular, transparente, e de ter consolidado isso em seu Estilo, ganha impacto pela Reputação que adquiriu: o crescimento acelerado, os milhares de clientes por aí, as centenas de matérias na mídia etc.

A plataforma reputacional

Uma das maneiras, mas não a única, de visualizar a dimensão reputacional de uma marca pode se dar por meio de uma declaração (*statement*) e um conjunto de fatos e feitos relevantes.

A PLATAFORMA DA REPUTAÇÃO
STATEMENT: "A maior, a melhor, a mais..." ou **DESCRIPTOR**: Ex.: "Carros de luxo", "azeite premium para cozinhar" etc.
FEITOS & FATOS
• Fatores reputacionais (credenciais, prêmios, reconhecimentos). • Demais fatores.

O *statement* pode ser uma declaração estritamente reputacional, que evidencie a principal credencial da marca (a melhor, o maior), ou simplesmente um *descriptor* que localize e expresse aquilo que a marca faz. O *statement* pode ser algo como "a líder em vendas no país", "a seguradora dos grandes eventos", "a maior da América Latina". O *descriptor* pode ser desde uma mera descrição do que a marca é — "incorporadora", "sorvetes", "construtora" —, até descrições mais específicas, como "banco digital", "cosméticos veganos" e outros.

Já os "fatos e feitos" devem reunir informações relevantes que gerem lastro para a marca, ou devem funcionar como atestados da performance nos atributos-chave, a partir de premiações, análises, pesquisas ou simplesmente da própria percepção do mercado construída pela marca. Também podem fornecer informações ou conexões que ajudem a construir uma atitude favorável àquele negócio: presença em locais de prestígio, associação a celebridades etc.

Fatos e feitos podem ser geradores das mensagens-chave ou *taglines* da marca, mas não são a mesma coisa: são uma listagem mais técnica e essencial, e menos publicitária, dos atributos reputacionais da marca. Da mesma forma, pode-se ter uma "declaração" que descreva e posicione a marca, mas que não precisa nem deve ser confundida com um slogan, *tagline* ou algo do tipo, e sim algo essencialmente presente na marca a longo prazo.

A plataforma reputacional apenas resume e descreve a dimensão reputacional da marca, mas não necessariamente se torna mensagens publicitárias para serem utilizadas como tal. Ela também é apenas parte da "conversa" sobre o estabelecimento da estratégia reputacional da marca. Afinal, os elementos reputacionais devem ser notados e entregues nas diferentes possibilidades de saliência de marca, das mais diferentes formas.

O ESTILO

Desconfiamos de sua importância, mas o deixamos em segundo plano. Sabemos o que é, mas julgamos que nem todos temos. O Estilo é uma das três dimensões do valor de marca e talvez o mais subvalorizado deles. Ao contrário do que se pensa, toda marca tem Estilo, a diferença está nas que sabem melhor usá-lo a seu favor. É hora de falar do Estilo na história das marcas.

O Estilo em funcionamento

Como as pessoas escolhem filmes para assistir, sem ter nenhuma indicação? Muitas vezes seu próprio cartaz (físico ou na tela do Netflix), já faz com que formemos uma favorabilidade ou não a assistir a ele. Da mesma forma, ao escolher um restaurante que não conhecemos, só de passarmos em frente a ele, olhar o local, a decoração e o comportamento das pessoas que estão por lá, nós conseguimos formar uma tendência a experimentá-lo, ou não. Às vezes temos consciência desse processo, às vezes não. Mas, em todos os casos, estamos falando de nossa *conexão a partir do estilo*.

O Estilo compreende todos aqueles elementos menos verbais que nos trazem sentimentos menos descritos do que sentidos e são capazes de influenciar nossa atitude em relação a alguma coisa.

O Estilo funciona com o intuito de criar a identidade de determinada pessoa, artista ou, no nosso caso, marca. Artistas têm seu estilo marcado: quadros de Van Gogh, Picasso, Monet são facilmente identificáveis. Tchaikovsky, Mozart e Heitor Villa-Lobos também podem ser identificados em suas composições, assim como fotógrafos aclamados ou cineastas. O que seria de Almodóvar sem seu tema, suas cores, suas personagens? Ou Wong Kar-Wai sem seus becos e cores saturadas? Volpi e suas bandeiras, Adriana Varejão e seus azulejos viscerais? O mesmo vale para as coreografias de artistas pop como Beyoncé, Shakira e Britney Spears: até fãs que não tenham palavras para descrever o "estilo" de cada uma conseguem identificar qual pertence a qual. Do clássico ao pop, todo mundo tem estilo.[54]

O Estilo identifica algo e permite ao mesmo tempo que nos identifiquemos com ele. Em resposta ao Estilo, que percebemos de forma consciente ou não, tendemos a formar atitudes favoráveis, "neutras" ou contrárias a alguma coisa. "Não me *deu vontade*", "não me convenceu", "não me chamou atenção", ou "prefiro *este* porque é o que minha família usa", são declarações que ilustram o rico funcionamento dessa dimensão.

Os elementos de Estilo também têm uma capacidade de evocar um conjunto de elementos parecidos, "do mesmo estilo", que colaboram para nossa associação ou avaliação.[55] "Não gosto deste *tipo* de restaurante", "não gosto deste *tipo* de roupa" são frases que denotam os conjuntos "mentais" que fazemos na avaliação do "estilo" de algo.

O Estilo está no centro da lógica do funcionamento das marcas, atuando na via de mão dupla da identidade: ser identificado e se conectar com as pessoas.

Toda marca tem Estilo?

Toda marca e todo mundo têm Estilo, mesmo que este seja o "não ter estilo", ou o estilo *mainstream*. No Brasil, em especial, temos uma tendência a estabelecer estilos que consideramos falsamente como "neutros" ou "para todos", como se revela em nosso gosto por jeans, tênis não muito esportivos e ao mesmo tempo não muito formais, arquitetura, em geral, pouco definida e uma infeliz aversão por padrões urbanísticos. Mesclamos elementos até achar um "ponto de equilíbrio", em que não se pode dizer que somos apegados a uma coisa ou à outra. Sem uma identidade tão fortemente reconhecida como as culturas tradicionais asiáticas, africanas ou europeias, nós brasileiros dizemos que somos avessos a estilo, quando, na verdade, temos um traço estilístico bastante forte em tudo o que fazemos. A "aversão" quase subversiva a padrões urbanísticos é uma das provas mais cabais: não suportamos repetições estilísticas, queremos sempre o diferente, o único, o díspar, mesmo que isso não seja o melhor para o planejamento e a estética das cidades. Temos um estilo muito forte em tudo o que fazemos e gostamos.

    O estilo se define das mais diversas formas: moderno, *trendy*, fashion, mais clean, urbano, *street*, largado, descolado, rústico e rebelde são algumas das palavras utilizadas para se definir o estilo de algo ou alguém. Às vezes, esse estilo já tem um nome ou apelido, como o *boho*, o *hipster*, o *hippie-chic*, o dândi, o clássico, o romântico. O estilo também pode se definir pela *filiação* a uma *escola de pensamento* (modernista, renascentista, clássico, entre outras), ou mesmo uma *origem* (estilo francês, italiano, entre outras). Mas talvez a maneira de se descrever substancialmente um estilo é entendendo aquilo que ele *"não compreende"*. Todo estilo tem aquilo que favorece e aquele conjunto de elementos que evita e assim forma sua identidade. Em um estilo moderno, cabem plástico, linhas retas, materiais novos, geometria, precisão. Não cabem rococó, defeitos, toque humano, traços ou materiais rústicos, pouco processados.

O "não" é, portanto, tão importante quanto o "sim" para definir um estilo. Ao falar sobre seu papel na Gucci, o estilista Tom Ford diz: "Um designer dá personalidade a uma companhia, e eu desenho todas as peças que vão para a passarela. Mas, em certo momento, havia cinco mil produtos na Gucci. Eu não desenhei todos eles, mas eu dizia "sim", "não", "sim", "não", "amo!", "odeio". Todas essas decisões, meu "sim e não", pelos últimos sete anos, fizeram da Gucci, a Gucci."[56]

Estilo é escolha, gosto, intuição, arte, personalidade: uma construção ativa. Em alguns casos, essa definição de "faz parte" e "não faz parte" pode parecer dura por carregar uma prática quase "discriminatória", que exclui quem ou o que não está "dentro daquele estilo", e esse é um dos grandes motivos para nós, brasileiros cordiais, não sermos fãs do assunto. Também parece duro para um sistema comercial, que não quer ter a possibilidade de deixar nenhum potencial comprador de fora (o que significaria menos receita). No entanto, como já falamos, mesmo quem não tem estilo, tem Estilo. Haverá sempre diferentes filiações a diferentes Estilos.

O contexto também exerce influência sobre a criação e o fortalecimento de um Estilo. De um lado, o pensamento, as correntes críticas e a arte propõem mudanças que se refletem imediatamente na estética, como se observa hoje com os questionamentos acerca das identidades de gênero e dos impactos nas vestimentas tradicionalmente masculinas e femininas e do fortalecimento de categorias *gender-free*. De outro lado, a tecnologia e as diversas possibilidades e novos contextos criados por ela trazem novos estilos gráficos, de escrita ou até de comportamento. Escrevemos diferente por conta das redes sociais ou aplicativos de mensagem, desenhamos diferente por conta dos softwares e hardwares disponíveis, assim como criamos filmes e roteiros de acordo com as possibilidades tecnológicas de uma época.

A força do estilo também é explícita na identificação de correntes políticas, como se deu fortemente no nazismo, e, infelizmente, se repete hoje no pensamento de extremistas políticos. Mais do que um detalhe ou uma coincidência, o estilo cria a identidade de uma corrente de pensamento e reflete uma visão de mundo. Por isso, é importantíssimo se atentar para o que um Estilo pode significar em uma sociedade.

Eventualmente, algumas marcas são associadas a ícones de seu Estilo, de forma controlada, ou não. Um caso curioso aconteceu em São Paulo, no qual um literal item de estilo mostrou sua força de conectar uma marca e um modo de vida: "O coletinho da XP". Houve um bombardeio de memes nas redes sociais, e esse tipo de colete feito de material sintético e acolchoado foi associado aos executivos do mercado financeiro na capital paulista, que se concentram nos escritórios na região da avenida Brigadeiro Faria Lima. A XP, na época a maior gestora de investimentos do país, rapidamente adotou o colete como seu ícone, de modo a fazer frente às críticas com orgulho e reafirmar seu estilo de vida e de se vestir. O exemplo só ilustra como o estilo pode ser até literalmente associado às marcas.

Também podemos categorizar com o que chamo aqui de Estilo a filiação a times de futebol. Seja por afinidade com grupos de amigos, tradições familiares ou experiências individuais, a "escolha" de um time de futebol parte de decisões "menos racionais" e que seguem a lógica semiótica, cognitiva e afetiva do Estilo. Ao conectar pessoas que compartilham uma visão, alguns valores, algumas histórias, genealogia ou mesmo uma mesma comunidade, estamos falando da conexão por Estilo. Aqui, a manifestação "estética" é menos relevante do que a manifestação histórica, emocional, social e até "filosófica" dos times, ou seja, as cores e formas de cada um dos times pode não ser mandatória nem mesmo influenciar na escolha dos times, enquanto o time do pai, da mãe ou dos amigos influencia mais na escolha. A escolha é fortemente identitária, faz parte da identidade dos sujeitos, e é capaz de criar, literalmente, uma torcida unida por aquele Estilo, aquelas identidades. Esse exemplo é importante também por dar pistas para o entendimento de como acontece a filiação a marcas de automóveis, cervejas, cigarros e outras que passam a competir por Estilo, depois que estabelecem suas Reputações ou Ideias.

Assim, a filiação a um estilo ou a "escolha" de um pode receber a influência de vários fatores:

- "Gosto" pessoal;
- Costume próprio, lembranças antigas;
- Herança de família, costumes antigos de pessoas próximas;
- Identificação com o grupo de pessoas associado ou consumidor daquele estilo etc.

Alimentando essas escolhas estilísticas, pode-se ter um conceito ou Ideia que orientem esse Estilo, como mostra a história da marca Chanel. Com seus chapéus mais simples e leves, com menos ornamentos, suas roupas com cinturas menos presas, como o caso de seus famosos tailleurs, e o incentivo a adotar visuais antes restritos ao mundo masculino, como calças e cabelos mais curtos, Gabrielle Chanel trouxe para o vestuário feminino não só sua forte personalidade, mas quase um manifesto a favor da liberdade feminina.[57] Tudo isso num contexto em que a arte também acompanhava um movimento rumo ao menos rococó e mais moderno. O Estilo pode ser forte suficiente para revelar uma Ideia, e a Ideia também pode ser forte o suficiente para engendrar um Estilo. Mas o Estilo tem vida própria e precisa também ser definido *per se*, por seus elementos identitários, e não apenas pela Ideia racional por trás.

A ligação entre o estilo e as ideias também se dá em nível filosófico. Desde os primórdios do pensamento clássico, até em discussões mais atuais sobre a arte, são abordadas as relações entre ética e estética. A estética (e, portanto, o estilo) é, naturalmente, um reflexo dos pensamentos, valores e sentidos de um tempo, de uma personalidade, de uma marca. Diz-se "que a expressão [o estilo, a arte] aclara e transporta para outro plano o mundo comum da vida: as emoções, as necessidades e também as ideias ou os conceitos que dirigem a existência humana".[58]

Defino Estilo, portanto, como um *conjunto de manifestações estéticas, comportamentais e filosóficas (de crenças e valores), que conectam pessoas com visão de mundo semelhantes, ou que compartilham ao menos uma parte fundamental dessa visão, mesmo que de maneira inconsciente ou não verbal.*

Assim, "quem tem estilo" em uma época é também quem representa ou está de acordo com *os valores daquela época*. Por isso ele muda tão rápido, por acompanhar e fazer parte da evolução dos valores e pensamentos. É natural, portanto, que o comportamento dos jovens seja tão importante na definição dos movimentos de mercado e de pensamento: eles direcionarão o Estilo do momento e se filiarão àquelas marcas, àqueles negócios e àquelas ideias que trazem mais novidades. *O Estilo, portanto, tem um mecanismo sofisticado e sensível para poder ser o grande chamariz para a captação e construção dos significados, dos desejos e das relações.*

Outro aspecto muito relevante do Estilo é sua capacidade de síntese em elementos-chave, o que nos interessa ainda mais nesta aproximação com o mundo das marcas. O pintor brasileiro Volpi tem em suas "bandeiras" um estilo muito bem marcado que é a síntese de um movimento do artista rumo ao modernismo, o espírito do tempo de sua época e uma das escolas mais importantes da arte brasileira. Partindo de estudos de telhados de casas brasileiras, e com clara referência às festas populares do São João, bem como de seu estudo entre a forma e a cor, as *bandeiras de Volpi* são a síntese de um percurso muito prolífico e se conectam a uma série de significados e associações que o tornam, não à toa, uma das assinaturas mais *expressivas* e valiosas do mundo da arte brasileira. A partir de um único elemento, "as bandeiras", chega-se a uma leitura muito importante de uma época, de um país e da genialidade de Volpi. *Seu estilo funciona como uma verdadeira marca, uma verdadeira "história estética".*

Por todas essas razões, entendo o Estilo como uma das dimensões fundamentais da construção de marca, que *precisa ser olhado com cuidado e menos preconceito durante a construção de marcas* expressivas. Compreendendo os elementos de Estilo de uma marca, entende-se também as pistas menos verbais e talvez até inconscientes dos valores, sentimentos e pensamentos que permeiam e congregam seus admiradores. Da mesma forma, o Estilo da marca pode estar comunicando algo de maneira imprecisa ou até equivocada: é preciso sensibilidade para se construir um diálogo, uma conexão com as pessoas por meio do Estilo.

O ESTILO NA HISTÓRIA DAS MARCAS

São muitos os elementos presentes nas marcas que estão sujeitos à crítica inconsciente do "gosto" e do que faz com que nos filiemos a algo ou não. Desde as associações promovidas pelas características do logo em si, até os elementos olfativos, gustativos, dos canais onde é vendida e do comportamento do público que consome uma marca, chegando a seus valores, sua filosofia, sua história, tudo é Estilo.

O Estilo, quando bem trabalhado, é a conexão que se forma a partir do significado do conjunto de todas as possíveis expressões da marca: cores, cheiros, ideias, falas, jeito de falar, comportamentos, pessoas, grupos de consumidores, valores etc. Martin Lindstrom, em seu Brand Sense,[59] assim como, no Brasil, a Profa. Dra. Clotilde Perez,[60] foi muito pertinente ao salientar que os diversos elementos sensoriais de uma marca são fortemente responsáveis por sua identidade e sucesso. Tudo isso combinado de uma maneira coerente e sensível é que gera o que chamo de Estilo da marca. Não adianta apenas uma receita de sorvete italiano: a Bacio DiLatte precisa transmitir também todo o seu cuidado, toda a sua qualidade e a origem dos ingredientes com sua decoração, seu atendimento, embalagens para consumo na loja ou para viagem, e isso também precisa ser coerente com a localização de suas lojas. Tudo precisa combinar entre si e gerar algo atraente. E, mais importante que isso, precisa contar uma "história estética" que se conecte aos valores atuais: no caso da sorveteria, a busca de ingredientes tradicionais, a partir de leituras contemporâneas, com cuidado, com menos industrialização aparente, com mais trabalho artesanal e, no fim, mais qualidade. O mesmo para os bares e restaurantes da Cia Tradicional de Comércio: eles contam *histórias estéticas* coerentes, que conectam público, preço, produto, interação, ambiente e identidade. Um dos negócios da Companhia é a pizzaria Bráz Elettrica, uma série de restaurantes espalhados por São Paulo que servem pizza feita em forno elétrico. A Elettrica é concebida para um público mais jovem, é feita para se comer com amigos, de forma despojada, que dispensa até o uso de talheres, e oferece um preço relativamente mais baixo do que a da tradicional pizzaria Bráz, outra marca do grupo. Assim, o ambiente de sua versão jovem brinca com o fato de ser assada em forno elétrico, trazendo na decoração elementos das estruturas de transmissão de energia, como cabos, transformadores e outros equipamentos "urbanos", criando uma atmosfera de novidade, retrô e futurista ao mesmo tempo, conectando-se também a ícones pop da geração e do *Estilo* de seu público. Nessa criação estética e sensível, consegue transformar em algo interessante e envolvente aquilo que poderia ser descartado por uma nova geração mais saudável e "gourmet": a pizza feita em forno elétrico.

Outro trabalho de Estilo digno de nota é o da marca de chocolates brasileiros Dengo. Ela tem, em seu quadro de fundadores, executivos que trouxeram a cultura e o jeito de fazer da Natura e sua linha Ekos e se propõe a trazer cacau de qualidade e variedade plantado em comunidades na Bahia de maneira sustentável, responsável e parceira. Em suas lojas, cria uma atmosfera sofisticada, com madeira e tons nobres, mas ao mesmo tempo alegre e aconchegante, como pede a atmosfera da cultura baiana que ela faz questão de referenciar. Seu estilo sofistica e enobrece pérolas brasileiras, o cacau e a Bahia, sem afastar o lado mais aconchegante e gostoso de ambos. Com isso, conquista não só o bolso, mas a atenção, o coração e o apetite de seus públicos.

A influência do Estilo não é restrita à negócios do mundo do "gosto" (têxtil, moda, decoração, alimentos, bebidas): quase todas as marcas ficam sujeitas à influência desta dimensão, mesmo aquelas do mundo B2B. "Estilo de negociação", "filosofias corporativas", "valores" e outros são elementos sensíveis e que são levados em conta em negociações e escolha de parceiros e fornecedores. "Essa empresa tem o nosso *estilo*" e "essa empresa *conversa* com o que precisamos agora" são frases possíveis de se ouvir em mesas de decisões. Cada vez mais surgem pensamentos apontando a participação de "fatores emocionais" na escolha de fornecedores nas transações B2B e a necessidade de olhar todo negócio como B2P: *business to people*, independentemente se a pessoa representa uma empresa, um consumidor final, ou um outro negócio que interage com seus consumidores finais.

Como discutimos acima, quando acontece uma diferenciação por Estilo, há sempre um conteúdo identitário em atuação. Ou seja, o *gosto*, o *hábito* ou *as relações de afeto* são fatores que definem as conexões das pessoas com as marcas, e, portanto, há um grande componente *subjetivo* nessa questão. Prefiro a palavra *subjetivo* a *emocional*, pois nem sempre as marcas que atuam no Estilo estão *se conectando* a componentes tradicionalmente entendidos como emocionais: a ligação das pessoas se dá com qualquer elemento objetivo da marca. Ou seja, uma cor, um gosto, um tamanho ou qualquer outra característica que não seja necessariamente emocional, mas apenas uma característica da "forma" pode representar esse vínculo identitário quando as marcas estão atuando no eixo do Estilo. É por esse motivo que, com frequência, o *rebranding* de marcas com forte vínculo com as pessoas pode ter como primeira reação uma "rejeição imediata": sejam marcas de times de futebol, de competições esportivas, de automóveis, sejam de cerveja e outros produtos. A alteração de qualquer elemento de significado das marcas, em especial sua identidade, é um tema sensível. Em geral, mas não exclusivamente, são marcas com base reputacional e que têm no Estilo a identificação máxima de todo o seu histórico. Alterar a identidade, a experiência das pessoas com as marcas, pode significar alterar a conexão delas com a marca, e por isso essas mudanças devem ser feitas com cuidado e consciência.

A identidade, o logo e o conjunto da linguagem visual são geralmente a porta de entrada para a criação de seu estilo, mas a experiência precisa ir além disso. O fenômeno do *blanding* na logotipia das marcas de moda ilustra como a identidade vai muito além do logo. Em busca de se atualizarem e buscarem formas mais simples, muitas marcas, como Burberry, Prada, Balenciaga, Yves Saint Laurent e Balmain fizeram revisões de sua logotipia e acabaram ficando muito parecidas entre si. O incômodo pareceu não ser sentido por esses *players* tão afeitos à unicidade de seu estilo; afinal, sua identidade é construída por meio de outros elementos que não só o logo e conta com atributos e características do produto, da experiência, da imagem e da identidade ampla (linguagem da marca, tal como cores, padrões, elementos gráficos etc.). Assim, o Estilo pode ser construído por meio de todos os elementos da saliência da marca: o *lastro*, tão importante, por exemplo, para marcas de luxo, e seu elemento de *heritage*; a imagem da marca, o "estilo" das pessoas que a *recomendam* e endossam, bem como a *postura* esperada desses negócios, ou mesmo sua estratégia de *presença*.

Da mesma forma como se constrói a Reputação, os "três Cs" — Consistência, Coerência e Consciência — citados por Luciano Deos são fundamentais na construção do Estilo, embora com papéis diferentes. A *consistência* e a *coerência* aqui dizem respeito à formação de um estilo que "conversa entre si" e que se mantém interessante ao longo do tempo. É, portanto, uma tarefa que exige certa sensibilidade e inspiração de quem define esse estilo. Para certas marcas, isto é feito de forma intuitiva e com menos atenção, enquanto, na história de outras, é o principal assunto de discussão cotidiana. A *consciência* então assume o papel de entender a importância do Estilo que se constrói com essa marca e, claro, de tomar conhecimento de quais valores ele está endossando.

O Estilo como base

As marcas com o Estilo na base de sua história são aquelas que têm seu encantamento e sua identidade fortemente baseados em escolhas estéticas ou de seu jeito de ser. Essas escolhas podem ser características de diferentes naturezas:

- Características sensoriais (gustativo, tátil, aromático) no centro da marca, como cosméticos, perfumes, bebidas, alimentos etc.
- Características materiais (cores, materiais, formas, método construtivo) no centro da marca, como marcas de moda, decoração, arquitetura.
- Características metodológicas no centro da marca, como consultorias, escolas.
- Características de comportamento ou "estilo de vida" (hobbies, tipos de esportes, cidades ou locais) no centro da marca, como marcas de moda, de aparelho para esportes, entre outras.
- Características "filosóficas" (crenças, cultura e paixão), como em marcas "veganas", "sem plástico", ou marcas que têm seu "fundador" e sua paixão pelo negócio como elemento presente em sua constituição.

Como exemplos, temos "o café forte do Brasil", o café Pilão, que é famoso por sua torra mais escura, pelo "jeito brasileiro de tomar café", ou as Havaianas, com o estilo "brasileiro alto-astral" nas cores, nas formas e no despojamento. Outro exemplo é a inspiração na "garota carioca" da marca Farm, que mistura estilo de vida com a estética do Rio de Janeiro. Já a Livraria Cultura foi marcada pela paixão de Eva Herz pelo livro, que até meados da década de 2010 foi sustentada por seu filho Pedro Herz e se traduzia na reunião de pessoas apaixonadas pelos livros para fazer o atendimento de seus clientes, também apaixonados pelo assunto.

Algumas marcas que hoje se comportam como R.E.I também têm no Estilo uma fundação identificável. É o caso do Starbucks e seu estilo de torrar o café mais que o habitual, que se soma à ideia de fazer bebidas no "estilo italiano", testada por seu investidor Howard Schultz em um outro empreendimento, o Il Giornale. Juntos, o tipo de torra e as receitas italianas ganham o mundo com uma combinação muito única no estilo de fazer e viver café. Mais tarde, o "estilo" das cafeterias Starbucks também se revela como a grande base da sua experiência, o *"third place"*: um lugar para ir que *não* é sua casa *nem* seu trabalho, mas algo diferente.

Todas essas marcas têm, em sua expressão e na qualidade da experiência, um grande foco da sua criação de valor. Junto da consciência de sua base de Estilo, deve vir um cuidado ainda maior com a coesão conceitual da expressão de sua identidade, do produto à experiência, da comunicação a sua postura.

Assim como nas outras dimensões da marca, não há regra aqui: nem toda marca com forte presença estética ou filosófica nasce por Estilo. Há casos de marcas com essas características que têm, por exemplo, uma base reputacional mais relevante para a sustentação estratégica da marca, como é o caso daquelas que se apoiam em lastro: "a verdadeira cerveja alemã", "o chocolate belga premium", "o restaurante italiano com tradição". As marcas também podem nascer ancoradas em elementos de

Ideia, como as que declaram preferir ingredientes locais com o intuito de favorecer o comércio local.

> **MARCAS COM BASE DE ESTILO COSTUMAM TER:**
>
> - Personalidade própria.
> - Podem virar "ícone" dentro da categoria.
> - Elementos que facilmente a identificam.
> - Estratégia de negócio que investe de maneira peculiar em aspecto central do negócio: receita, design, ambiente, atendimento, ingredientes etc.
> - Possibilidade de trabalhar discursos mais inovadores e atuais (*paces* mais avançados)

Grande parte das marcas que têm o Estilo como base de sua história costura bem os demais comportamentos em sua história, o que reforça o fato de que a atenção ao Estilo é um forte indicativo de uma boa consciência de branding e um indicativo de uma forte capacidade para criar marcas expressivas.

Estilo como meio

O Estilo pode figurar também na "estratégia de diferenciação", o "meio" que a marca usa para se construir. As marcas de Ideia muitas vezes precisam do Estilo para poderem se fazer entender, materializando suas propostas e se fazendo únicas, assim como as marcas reputacionais podem usar o Estilo para enfatizar sua liderança, sua proeminência.

O Nubank é uma delas. Tendo nascido como uma operadora de cartão de crédito, a marca utiliza o Estilo para expressar sua Ideia de ser um banco com uma experiência completamente diferente, online, mais justa e transparente, com foco no relacionamento. Desde sua cor roxa, pouco usual na categoria, ou o design do cartão, até seu nome, seu logotipo, seu atendimento e sua forma de contratação, tudo no

Nubank era inusitado, diferente e mais "sexy", mais jovem, mais digital. O Estilo foi crucial para "marcar" a ousada proposta do negócio que tem a Ideia como base e dar "corpo" a ela.

A marca Pantys é outra que se apoia no Estilo como fundamento de seu negócio. Trazendo ao mercado calcinhas capazes de dispensar o uso de absorventes íntimos, com benefícios antiodor e antibacterianos em seus tecidos tecnológicos, a marca levanta a bandeira e se aproxima da causa da normalização do assunto "menstruação" na sociedade, visto ainda como um certo "tabu". Com tantos elementos racionais e "de Ideia" em sua estrutura, a marca se apoia no Estilo, tanto na moda quanto na construção de uma identidade estética muito bem executada em suas campanhas e demais expressões, tornando interessantes e atrativos a proposta e os produtos da marca, que, caso contrário, poderia ser muito "dura e racional", pouco atrativa.

Já como exemplo de uma marca de *base* reputacional que utiliza o Estilo como *meio*, encontramos a Fast Shop: um negócio de varejo que reúne os eletrodomésticos e eletrônicos das marcas mais reconhecidas, em seus modelos mais avançados (característica de base reputacional), e os oferece em estilos de loja e atendimento diferentes do usual no varejo eletroeletrônico. Seus ambientes são sofisticados, seu atendimento é especializado, capaz de discutir questões técnicas, negociar valores e entender as necessidades e peculiaridades de seus clientes. Assim, o Estilo se mostra como crucial para sua consolidação enquanto uma loja premium.

O grande sucesso da marca Heineken no Brasil também tem um fortíssimo componente de Estilo. Abrindo sua trilha a partir de uma conceituada Reputação no mercado exterior, quando a marca chega ao Brasil com um sabor diferenciado das cervejas nacionais, sua identidade mais noturna e uma marcante cor verde, ela "inaugura" a categoria "puro malte *mainstream*" e um novo "estilo" no consumo da bebida.

Outro aspecto da dimensão do Estilo se revela fundamental para as marcas com outros comportamentos de base. Após conceituarem uma Reputação em suas categorias ou criarem o conceito de uma Ideia diferente, alguns mercados acabam sendo "igualados" e passam a competir por Estilo, dentro de uma mesma categoria. É o caso das marcas de cerveja, automóvel, cigarro, chocolates, cosméticos, maquiagem e cuidados pessoais, por exemplo. Depois que Brahma, Antarctica e Skol; Fiat, Ford, Volkswagen e Chevrolet, ou Nestlé, Lacta e Hershey's têm sua Reputação reconhecida, a diferenciação entre elas se dá pelo jogo do Estilo:

- Estilo pelo gosto: "Prefiro este sabor ou este design";
- Estilo pelas relações de afeto: "Pessoas próximas a mim, com quem me identifico, sempre consumiram esta marca".
- Estilo pelo hábito: "Sempre consumi esta marca".

O mesmo acontece com os bancos. É difícil encontrar o Estilo como base da construção de marca nesta categoria: os elementos reputacionais costumam ser preponderantes, assim como as propostas mais específicas de seus produtos e serviços (Ideia). Assim, o Estilo normalmente aparece como responsável pela filiação e lealdade às marcas da categoria. Ele pode ser trabalhado de forma consciente e deliberada pelas marcas, ou ser "construído" a partir da imagem que cada uma constrói com sua atuação: os bancos podem ser reconhecidos como o "banco dos digitais", "o banco dos moderninhos", "o banco dos investidores", "o banco de todos os brasileiros", o "banco das massas", o "banco dos benefícios sociais". Entendendo essa "filiação tácita" a certos estilos, os bancos podem apurar sua identidade ou construir valor em cima delas.

É difícil comparar ou julgar essas marcas por sua Reputação ou por características puramente racionais ou da performance de seus produtos. Suas políticas de preço são semelhantes, suas receitas, fórmulas, composições ou características fundamentais dos produtos também, deixando à dimensão do Estilo um instrumento crucial para a competitividade e fidelidade de seus consumidores. Marcas que se enquadram nesses casos precisam, portanto, ter tanto cuidado com o Estilo quanto aquelas que o têm com sua *base*.

Estilo como coroação

Após construírem uma Reputação por meio de uma Ideia ou de sustentarem uma Ideia com estratégias reputacionais, a etapa final da constituição dessas marcas será o Estilo, ou seja, a "identidade" desse percurso. Esse movimento é o que chamei *Estilo como coroação*. Aqui se encontram as marcas que se utilizam do Estilo como a "entrega" final, como o "sentido", como o "universo" que as pessoas irão acessar ou ao qual irão se associar a partir de uma marca.

O "Estilo" como coroação aparece quando ele ajuda a consagrar, demarcar todo o percurso estratégico de uma marca. É o caso da Pepsi e sua personalidade um pouco mais "rebelde", "desafiadora", que demarca seu Estilo, ou mesmo a "marca" literal de Tigre, com seu ícone da "pata" para denotar os produtos de maior qualidade que a marca oferece. Outras marcas que se utilizam de impactos por "Estilo" para coroar e "proteger" seu percurso também poderiam ser citadas aqui: marcas de ferramentas, marcas de instrumentos técnicos, ou outras que utilizam cores, formas e demais elementos de Estilo para assegurar seu impacto.

O Estilo pode também estar na coroação da marca de uma maneira mais filosófica, e não tanto estética. É o caso do restaurante Mocotó, que mantém o Estilo na essência que dá sentido ao que ele faz, declarando que "é feito com os olhos no mundo e os pés sempre firmados no sertão".[61] Partindo de uma "Ideia" facilmente identificável (o encontro da cozinha sertaneja com a inovação do Rodrigo [Oliveira, o chef]), considero seus valores e, portanto, seu Estilo como a coroação que mantém sua essência e a força de seu impacto: um restaurante de cozinha nordestina inovadora que, se fosse inaugurado dentro de um shopping, não traria a mesma experiência de ir ao original Mocotó, localizado numa área afastada do Centro de São Paulo, no meio da Zona Norte da cidade.

Várias start-ups tecnológicas deixaram, em seus percursos, o Estilo como a etapa final de seu impacto. Muitas construíram sua história estratégica surgindo como uma Ideia forte, capaz de angariar milhares ou até milhões de adeptos, fortalecendo, assim, suas reputações até, por fim, elaborarem seus Estilos. Elas começam com marcas e linguagens que dizem pouco o que são, principalmente para um público global, e com baixo investimento em identidade e linguagem, o que revela esta forte "renegação" do Estilo em sua constituição inicial. Foi o caso de Airbnb, Google, Facebook, e os já extintos MySpace e Orkut. Quase todas essas marcas fazem o percurso conceitual que se inicia na Ideia, passa pela Reputação e culmina no Estilo. Ao serem lançadas, não negaram a importância do Estilo, mas não deram a ele a mesma atenção que sua Ideia e suas plataformas. A consciência de seu Estilo como parte crucial da entrega da marca vem apenas na sequência, quando muitos deles apresentam até investimento em mudanças de marca, elaboração de linguagem, identidade, interface de usuário e outros elementos que ajudam a expressar melhor o Estilo e a coroar seus percursos.

A plataforma de Estilo

A plataforma de Estilo é a maneira pela qual podemos registrar parte do Estilo das marcas. Como o Estilo é uma construção em contexto, repleto de valores e interpretações a ele associados, sugiro sempre um olhar mais aprofundado em sua abordagem. Definir os elementos-chave de seu Estilo é uma tarefa estratégica importante, tendo em vista também a elaboração posterior de outros guias de sua linguagem de marca.

De modo a possibilitar sua representação, no entanto, aponto seu registro a partir do que identifico como um de seus traços principais: as tensões que ele estabelece para se constituir. Essas tensões podem ser expressas de diferentes formas: de "do's" and "dont's", de "likes" e "dislikes", de "faz parte" e "não faz parte" etc.

A PLATAFORMA DE ESTILO	
"NOME DO ESTILO"	
"LIKES", "FAZ PARTE"	"DISLIKES", "NÃO FAZ PARTE"
Lista	Lista
ELEMENTOS DO ESTILO *Brand assets* e outros elementos.	

Independentemente do nome adotado para cada coluna, seus elementos não devem ser o *oposto* um do outro, mas sim estabelecer um jogo de tensões relevantes. Por exemplo: o estilo rústico valoriza elementos naturais, menos trabalhados. Mas seu "oposto" pode não ser os elementos industrializados e bem finalizados, e sim o *rococó*, o *caprichado*, o *detalhado*. O estilo "skatista" valoriza os elementos da rua, roupas mais largas, estampas em movimento, mas não necessariamente seu contraponto é a "natureza", "as roupas justas" e "as estampas estáticas", mas sim "as roupas de escritório", "as roupas que não permitem movimento" e as estampas "comportadas".

Marcas com o Estilo mais definido e amadurecido podem ter também um "nome" para seu Estilo, como o "garota carioca" da marca Farm. Em alguns casos, esse nome batiza a própria marca: "Estilo Chanel", estampa "Missoni", padrão "Burberry".

Outros componentes do âmbito do Estilo na essência das marcas são os próprios "elementos de Estilo da marca": além dos chamados "*assets* de marca" (cores, tipografia, formas etc.), também valem associações fortes com cidades, pessoas, locais, objetos e outros elementos que ajudem a definir o Estilo. Plataformas específicas para cada marca devem ser desenhadas para compreender diferentes necessidades.

A IDEIA

Capaz de energizar as pessoas, agregá-las em torno de um movimento, ou fazê-las se sentirem parte de um novo mundo: a Ideia é o componente capaz de se espalhar de uma forma contagiante, mobilizadora e energizada. Quando uma pessoa muda de ideia, ela muda sua maneira de ver o mundo, ou seu ponto de vista sobre algo, e, geralmente, o momento incorre também em alguma mudança de comportamento. Assim, a Ideia gera *impacto* e dá às pessoas uma direção, planos e novas *ideias*. É hora de falar sobre a Ideia na história das marcas.

O que é uma Ideia?

Ideias podem ser "propostas", "conceitos", "justificativas", "maneiras de ver o mundo". Assim, a Ideia forma o terceiro eixo da significação de uma marca, que corresponde também ao eixo do sentido, do significado explícito. Nem todas as marcas têm uma Ideia bem desenvolvida, o que quer dizer que nem todas as marcas sabem a "explicação" daquilo que fazem pelas pessoas, o impacto na vida delas. Assim, desvendar a dimensão da Ideia de uma marca é também encontrar a sua maneira de *impactar* a vida das pessoas.

Seres humanos tendem a ter um pensamento que visa uma finalidade, a acreditar que "tudo aquilo que é por natureza existe para um fim", como discutiu Aristóteles.[62] Segundo a doutrina *teleológica*, ou seja, que propõe que tudo existe para um fim (grosso modo), nós procuramos *explicações* em tudo, por meio de definições *mais racionais*. "Se a inteligência ordena todas as coisas e dispõe cada coisa do modo melhor, achar a *causa* em virtude da qual cada coisa é gerada, destruída ou existe significa descobrir qual é a sua melhor maneira de existir, modificar-se ou agir",[63] como afirma Platão. A Ideia seria, portanto, a tradução do motivo, a justificativa, ou até o propósito de uma marca existir.

Mas, ao buscarmos o que a mesma filosofia entende por "ideia", encontramos a descrição de uma espécie de "conceito", aquilo que explica o que é comum à multiplicidade das coisas: todos nós conhecemos a "ideia" do que é um cavalo, mesmo sem ter um na nossa frente. A "ideia" de cavalo é o "conceito" comum a tudo o que é um cavalo. A Ideia é, portanto, mais ampla que o propósito: *um propósito pode ser entendido como uma Ideia, mas nem toda Ideia precisa ser um propósito*. A Ideia pode ser tanto uma justificativa, uma causa, um motivo, um propósito, quanto pode ser um "conceito", uma nova ideia, uma "invenção". E, muitas vezes, as marcas de Ideia são a soma de tudo isso. A Ideia é aquilo que "traduz" uma marca e pode ser concebida a partir de diferentes pontos de vista.

A IDEIA NA HISTÓRIA DAS MARCAS

A Ideia se revela quando uma marca traz algo novo para uma categoria ou mercado, explicando *sua existência ou sua concepção*. Essa explicação geralmente é também uma tradução do impacto que essa marca pretende deixar. Esse impacto pode ser de diferentes naturezas e intensidades e pode acontecer em momentos distintos. Não necessariamente é algo disruptivo, tampouco inovador. A Ideia pode ser tudo isso, mas também pode ser apenas uma intenção bem fundamentada, uma característica específica que determinada marca desenvolveu, uma maneira única que encontrou para contribuir com alguma outra Ideia, causa ou movimento. Ideias são ilimitadas e não devem ser "categorizadas" por natureza.

As Ideias são a articulação de uma proposta entregue por meio de diferentes frentes. Ou seja, quando uma marca declara uma Ideia, ela pode "materializá-la" a partir do uso de seu produto, pode entregá-la em seu nome, na comunicação, ou pode se constituir em seu processo produtivo diferenciado: são inúmeras as possibilidades. A Ideia dificilmente se encerra em uma única manifestação da marca e, assim como o Estilo e a Reputação, articula diversos elementos e aspectos para poder criar seu significado.

A partir de uma inovação, de um conceito, de um motivo, propósito, sentido ou qualquer outro tipo ou combinação entre tipos de Ideia, essas marcas podem ter declarações tão simples quanto "fazer computadores melhores", "fazer panelas de cerâmica coloridas", até "repensar o tabu da menstruação", "defender a diversidade", "defender o reúso das coisas". Também podem usar uma "fórmula" como "sou a favor de X, por meio de Y". A Oatly, uma marca de origem sueca de leite vegetal, cria um leite de aveia (primeira ideia) para diminuir o consumo de produtos animais e o impacto ambiental do consumo humano (segunda ideia). A Sugru cria uma "cola moldável de silicone" (primeira ideia), que não é apenas um substituto às "epóxi" tradicionais, mas sim parte de um movimento por "arrumar as coisas", e não simplesmente jogá-las fora (segunda ideia). A Rituals traz cosméticos muito aromáticos (Estilo) com um conceito que se inspira em todos os rituais de bem-estar ancestrais da humanidade (conceito, ideia).

A publicidade e depois as próprias consultorias de branding são duas atividades que revelaram a Ideia de várias marcas reputacionais e de Estilo, ou seja, que não tinham explícitos os significados de suas atuações. Chamando-os de conceito, propósito, missão ou, como prefiro, Ideia, esses sentidos ajudam a coroar o significado e a *expressividade* das marcas. Não é à toa que a publicidade e suas grandes "ideias", expressas em campanhas e muitas vezes até em slogans, foram as responsáveis por aumentar a expressividade de marcas como:

- Axe: "A primeira impressão é a que fica", que trabalha a autoestima dos garotos a partir do uso do desodorante.
- Omo: "Se sujar faz bem", que traz a ideia de que brincar é importante para o desenvolvimento das crianças, e o detergente cuida do trabalho pesado.

- Dove: "Real Beleza" e a valorização da diversidade dos corpos femininos, por meio do cuidado com seus produtos.
- Natura: "Bem Estar Bem" e a ligação da beleza ao bem-estar e ao cuidado consigo mesmo.

A Ideia pode estar presente desde a fundação da marca, aparecer como o caminho estratégico para sua construção, ou se revelar apenas na conclusão de seu percurso, muitas vezes por um significado que emergiu de sua existência na sociedade. Não importa o espaço que a Ideia ocupa na estrutura da marca, o importante é tomar consciência de qual Ideia sua marca representa e, com isso, fazê-la dar vida a ela. Viver a Ideia significa localizá-la nas expressões de uma marca de maneira a fazê-la aparecer, tomar forma nas ações e atitudes da marca ao longo de toda a sua existência. Marcas que assumem Ideias "da moda", mas distantes de seu universo, geralmente têm dificuldades em lhe dar vida, tornando-a *inexpressiva*. O mesmo acontece com declarações de propósito que nunca são entregues.

A Ideia pode se materializar em qualquer uma das possibilidades de saliência das marcas: primeiro, é claro, pode se mostrar no âmbito da "oferta de um novo produto ou serviço", feito ou concebido de maneira inovadora; bem como pode ser construída no âmbito da comunicação e da experiência, como é o caso de Natura e Dove, que passam a ter uma Ideia como componente de sua marca a partir do momento em que essa Ideia é veiculada em comunicação e toma vida em ações e posturas das marcas.

Ao "inaugurar" uma Ideia nova, as marcas geralmente precisam criar seus próprios universos: como é uma cerveja puro malte, uma companhia de aviação *low-cost*, uma calcinha absorvente ou uma "cola de silicone" a favor de reutilizar as coisas, e não as jogar fora? Todas essas ideias geralmente requerem uma expressão estética que explicite sua diferença, sua inovação. Por isso, muitas marcas de Ideia estão intimamente ligadas ao Estilo. Também é comum que algumas dessas marcas se conectem aos aspectos mais interessantes do *Brand Pace*, o *ritmo* do contexto daquele momento, estando geralmente nas pontas mais inovadoras (ver Apêndice).

As *challenger brands* como marcas de Ideia

Muitas marcas de Ideia, embora não todas, poderiam ser classificadas como as chamadas *challenger brands*, ou "marcas que desafiam o mercado". No livro divisor de eras *Eating the big fish*[64] (algo semelhante a "Devorando o peixe grande"), apresentado a mim pela publicitária, planejadora e inovadora Rita Almeida, na primeira década dos anos 2000, Adam Morgan define o que chamou de *challenger brands* como *marcas que desafiam os líderes de um mercado, trazendo novidades para uma categoria*. A partir do clássico exemplo da locadora Avis fazendo frente à líder Hertz com sua campanha "nós somos o segundo lugar, por isso nos esforçamos mais" (*we're number two, so we try harder*), Adam Morgan concebe as chamadas "marcas desafiadoras". Quando as chamadas marcas estabelecidas (ou também conhecidas como *incunbent brands*) dominam uma categoria ou até mais de uma, é comum notar o surgimento das chamadas *challenger brands*, desafiando-as como *small fishes* contra os *big fishes*, peixes pequenos querendo enfrentar os grandes. As *challenger brands* estariam imbuídas por uma ideia que traz uma novidade na categoria e teriam o intuito de "recuperar o valor erodido" pelas grandes, que acabam entregando muito mais valor para si do que para as pessoas.

Adam Morgan diz: "*Challenger Brands* são marcas que não são as líderes de seu setor nem são 'nicho'; têm ambição, inquietude, inconformismo,[65] e uma disposição de enfrentar o *status quo*. Já tiveram sucesso no passado, num período em que apresentaram crescimento rápido do qual se podem tirar bons aprendizados".[66]

Na sequência de seu livro, Morgan coloca os oito credos das *challenger brands*, norteando os principais passos para criar uma marca desafiadora. Em um de seus oito "credos" para construir uma *challenger brand*, Morgan fala inclusive na necessidade de "construir uma identidade de referência", reforçando aqui o caminho das marcas de Ideia que se utilizam do Estilo para se construírem.

No livro *Overthrow II*,[67] lançado muito tempo depois do inicial, Adam e sua equipe atualizam os exemplos de *challenger brands* para o mercado contemporâneo, citando casos como Oatly, Mailchimp, Tony's Chocolonely, Under Armour, Brew Dog e outras.

Algumas *challenger brands* podem partir do Estilo ou da Reputação, mas, a partir dos exemplos de Adam, é possível entender que todas as marcas desafiadoras, em algum momento, utilizaram-se do eixo da Ideia para construir suas propostas. *Assim, toda* challenger brand *tem um componente de Ideia, mas nem toda marca de Ideia precisa ser, necessariamente, uma* challenger brand *por excelência*.

A Ideia como base

Quando as marcas surgem a partir de uma Ideia que traz algo inovador, desafiador, diferente da categoria, ou que até *cria* outra categoria ou produto, temos aí, geralmente, uma marca de Ideia.

A Uniqlo, uma marca japonesa de vestuário, baseia todo o seu conceito na ideia do *LifeWear*: o oferecimento de roupas feitas para o dia a dia, com tecidos tecnológicos e design baseado na simplicidade e usabilidade. Para a empresa, "LifeWear são roupas desenhadas para fazer a vida de todos melhor. São roupas do dia a dia, simples, de alta qualidade, com um senso prático de beleza — engenhosa nos detalhes, pensada cuidadosamente com as necessidades da vida em mente, e sempre evoluindo", declara a empresa em seu site.[68] O *LifeWear*, utilizado pela marca como uma espécie de *descriptor*, explicita a Ideia da marca e foi traduzido e materializado em seis edições de uma revista com o mesmo nome, que trazia matérias, fotos e artigos sobre estilo de vida, conectada à proposta da marca, com temas de viagem, relacionamento, gastronomia e esportes. A revista, um ótimo exemplo de como "dar vida ao conceito", também explicitava a Ideia da marca mencionando curiosidades e "detalhes" sobre a tecnologia aplicada nos produtos. Apoiada no Estilo como meio, a empresa cria peças quase icônicas, embora simples e básicas, que constroem sua Reputação como a marca do *LifeWear*.

Um inegável exemplo brasileiro, o Nubank surge como um "banco sem taxas", mas começa oferecendo apenas um cartão de crédito. Sua Ideia é a de que os bancos não deveriam cobrar nada de seus usuários, ter um atendimento mais amigável e uma facilidade no uso e no relacionamento. Atualizando o modo de fazer as coisas na categoria bancária e apostando fortemente no Estilo como meio para marcar sua diferenciação pela Ideia, o Nubank constrói sua Reputação, mesmo tendo começado sem oferecer todos os serviços a que se propunha: ele era apenas um cartão, não um banco.

Na modalidade de "Ideia como base", estão também os casos dos "propósitos que geram marcas" e das "ideias que geram marcas". A marca brasileira Pantys nasce como uma marca de "roupa íntima absorvente", feita para diminuir o descarte de plástico no planeta e abordar com menos "timidez" um assunto que é tabu na sociedade, a menstruação. A americana Sugru surge como *the moldable glue*, uma espécie de "cola moldável". Feita de silicone e vendida em pequenos pacotes em versões de diversas cores, a marca se volta a pessoas que querem arrumar qualquer coisa que quebra, descola ou está com mau contato, em vez de jogá-las fora, colaborando para evitar a poluição do solo e dos ambientes. Nessas duas temos bons exemplos de marcas que têm um propósito mas que, mesmo assim, carregam uma primeira ideia que vai além dele: a oferta de um produto inovador na categoria.

> **MARCAS COM BASE DE IDEIA COSTUMAM TER:**
>
> - Inovações ou novas maneiras incrementais de fazer o produto ou serviço.
> - Discursos únicos e autorais.
> - Visão de mundo diferenciada.
> - Podem apresentar um propósito e/ou manifesto.
> - Estratégia de negócio que investe de maneira peculiar em aspecto que viabiliza inovação: UX, tecnologia, materiais diferenciados, processos específicos etc.
> - Possibilidade de trabalhar discursos mais inovadores e atuais (*paces* mais avançados)

As operadoras americanas Giff Gaff e Mint Mobile e a empresa italiana de *utilities* Enel, hoje também com atuação no Brasil, são marcas de setores nos quais o "desafio" e a "inovação" são talvez menos esperados, porém mostram a possibilidade de atuar também nessas categorias com propostas mais irreverentes, seja inovando na forma de contratação, formatação e condições dos pacotes de telefonia e dados, como no caso das duas primeiras, seja em uma forte ligação com novas fontes de energia limpa, no caso da última. Todas são exemplos de marcas que atuam em segmentos fortemente reputacionais, mas que trazem a Ideia para sua base e, por coincidência, também utilizam um Estilo (identidade e linguagem) irreverente para deixarem suas marcas.

A Ideia como meio

Aqui temos os casos nos quais, por exemplo, uma marca reputacional ou de Estilo utiliza uma Ideia para reforçar sua base. Nesses casos, a Ideia surge como uma maneira de entender a aplicação daquele Estilo ou daquela característica reputacional na vida das pessoas e dar visibilidade a essa aplicação.

Quando partem de uma base reputacional, é como se essas marcas dissessem algo como "o melhor produto da categoria é também aquele que":

- Está associado a uma causa.

- Contribui para a vida do consumidor se transformar de uma forma específica.
- Ajuda o cliente com algo.
- É a melhor escolha por conta de certo fator.
- É diferente dos demais por conta de "x, y, z".

É o caso da Avis, quando se coloca como a melhor, pois "está no segundo lugar e, por isso, faz melhor", ou a Pepsi, quando assume seu posto secundário com o "pode ser" e mostra que sua escolha "pode ser melhor" que a líder.

A Ideia como "meio" é também o caso de marcas reputacionais por excelência quando precisam reafirmar seu custo-benefício ou sua superioridade por meio de Ideias e declarações. A Heineken, ao entrar com maior expressividade no mercado brasileiro, utiliza a Ideia de uma cerveja puro malte, diferente das demais, como atrativo para seu consumo a partir de uma inegável Reputação lastreada por sua presença histórica no mercado exterior.

A Ideia também pode ser crucial para materializar um Estilo e para "revelar" ou "explicitar" seu conceito. Foi o caso da marca Rituals, que apresenta uma coleção de cosméticos e produtos de higiene pessoal que fazem referência aos rituais milenares de bem-estar e equilíbrio espiritual não ocidentais: do tai chi ao ioga, do aiurveda ao *hamame* (o banho turco). Associada a fragrâncias assinadas, a marca se baseia em um Estilo único, conectado a seu conceito.[69]

O mesmo ocorre com a japonesa Muji, que apresenta o conceito de *no brand brand* (algo como "a marca do que é sem marca") e oferece uma série de itens de uso do dia a dia com formas e com cores que respeitam materiais naturais ou têm inspiração na natureza, sem nenhum logo estampado. Muji cria produtos que remetem a um conceito de "não ter marca", porém, mais uma vez, a Ideia aparece para dar visibilidade ao Estilo, que está em sua base de originação, que visa despertar desejo nas pessoas e estabelecer conexão com elas.

A Ideia como coroação

Quando a Ideia aparece para "dar sentido" à marca, temos a Ideia como consequência. Diferentemente da Ideia como "estratégia", a Ideia como consequência aparece para *dar coerência, orientar o sentido da marca e até colaborar para manter ou explicitar sua essência.*

As marcas que utilizam a Ideia como consequência se fundaram na Reputação ou no Estilo e utilizaram uma das duas, também como estratégia. A Ideia aqui tem um papel de "coroar" as ações da marca e fazer "saltar aos olhos" as ações da marca, podendo se fazer passar pelo elemento mobilizador da marca, depois que as bases e o meio foram "cumpridos".

Aqui temos as marcas gerando coerência para aquilo que fazem, ou simplesmente revelando o sentido daquilo que sempre fizeram.

Marcas Reputacionais podem trazer a Ideia por trás de suas ações, como uma maneira de orientar seu sentido e dar maior visibilidade a sua essência. A Unilever traz a Ideia da "vitalidade" após anos de atuação, com uma base reputacional fortemente construída e um Estilo coeso na qualidade de seus produtos e características (embora de categorias totalmente diferentes, todos têm grau de qualidade sensorial elevados). O conceito de vitalidade amarra toda a sua atuação, direcionando-a e criando um significado para seus públicos não apenas externos, mas também internos.

Conglomerados de saúde como SulAmérica buscam trazer o conceito da saúde integrada para dar sentido a suas ações, e demais marcas corporativas conseguem dar coesão àquilo que fazem com a Ideia como coroação.

Marcas de Estilo, depois de adquirirem Reputação por sua atuação, podem encontrar a Ideia refletida por seu trabalho. Essa Ideia poderia não ser visível num primeiro momento. Balmain, com Estilo e Reputação, tem a Ideia da "arquitetura do movimento" por trás de suas criações; Tom Ford, embora não o declare, traz a Ideia da "elegância" presente em qualquer momento, do *fun* ao *badass*, do dia a dia a ocasiões especiais.

Illy,[70] com seu *live happIlly*, revela sua Ideia de "promover a felicidade" depois de ter conquistado Reputação por seu Estilo e paixão pelo café. Conclui seu presidente, no livro em que narra toda a trajetória da existência da marca: "Refiz todo o percurso da cadeia produtiva cafeeira, que agrega valor ao produto, desde a plantação até a xicrinha, e *ao final* concluí que sim: por meio da qualidade do produto, criamos um círculo virtuoso que liga o bem-estar para o consumidor ao desenvolvimento para o cultivador. Dois dos ingredientes da felicidade".[71]

A plataforma de Ideia

A plataforma de Ideia pode ser construída de diferentes formas. Gosto de trazer para a Ideia um parágrafo ou declaração que ajude a compreender como aquele insight se articula com a entrega do negócio e qual "sentido" isso agrega para as pessoas. Algumas Ideias, no entanto, podem ser expressas por "frases-resumo", fruto da natureza criativa delas próprias. Não há nada errado com isso, contanto que a declaração da Ideia não se resuma a essa *tagline* e desde que essa Ideia não seja entendida como um slogan temporário da marca. Afinal, não estamos tratando de propaganda, mas sim de estratégia.

Uma forma possível de se exprimir a Ideia é apresentando essa principal declaração acompanhada de três pilares principais, que ajudam a materializar aquilo em que a marca acredita ou aquilo que ela persegue. Outra forma que sugiro para a expressão da Ideia das marcas é "faço X e sou a favor de Y".

A PLATAFORMA DE IDEIA		
"Conceito" ou "sou a favor de y, fazendo x".		
PILAR 1	PILAR 2	PILAR 3

IV

O BRAND AIM: AS HISTÓRIAS ESTRATÉGICAS DAS MARCAS

As três dimensões das marcas podem estar presentes em diferentes momentos de suas histórias e ambições e com diferentes ênfases. *O estudo desses momentos podem ser entendidos como a "história estratégica das marcas", cujas definições podem ser resumidas no Brand Aim.*

A palavra história se refere a uma mistura de três tempos importantes: a *história* que a marca traçou no *passado,* a *história* que ela está contando no *presente* e a *história* que ela quer contar no *futuro*. Ela também pode descrever o histórico das marcas que já existem há muito tempo, das que estão sendo lançadas agora e das marcas que estão refinando sua história futura.

HISTÓRIA: 3 TEMPOS		
PASSADO: Como chegou até aqui?	**PRESENTE:** O que faz hoje?	**FUTURO:** O que quer contar?

Como já vimos nos capítulos anteriores, a base dessa história estratégica revela sua vocação inicial, seu conteúdo fundador, que pode ser uma Ideia, um traço reputacional ou um traço estilístico. A partir daí, pode-se associar a essa base um *meio* capaz de promovê-la, lançando mão de uma segunda dimensão, que não tenha ainda sido explorada como sua base estratégica. Ao final, a marca angaria ou visa angariar uma *coroação*, que complementa a percepção de seu significado, integralizando também a terceira e última dimensão. Como já dito no início do capítulo III, cada um dos comportamentos (R, E e I) corresponde a uma das funções fundamentais das marcas, por isso a expressividade delas se torna mais rica e completa com a presença das três dimensões bem definidas em sua história.

À representação gráfica dessa história estratégica dei o nome de Brand Aim: *uma ferramenta que ajuda a demonstrar as estratégias de impacto da marca*. O *aim* pode ser representado por um triângulo em cuja base, mais larga que os demais aspectos, reflete-se a dimensão predominante da marca. Na sequência, temos o *meio* e, ao final, completando o percurso, a coroação.

O BRAND AIM

```
┌─────────────────┐
│    COROAÇÃO     │
└─────────────────┘
┌─────────────────────────┐
│          MEIO           │
└─────────────────────────┘
┌─────────────────────────────────┐
│             BASE                │
└─────────────────────────────────┘
```

Gosto de pensar na disposição do *Brand Aim* como um triângulo com a base repousada na horizontal, quando estamos refletindo uma história no *passado*, narrada sob determinado ponto de vista. Uma possível disposição do *Brand Aim* voltado para a construção da marca no *futuro* é o formato de um triângulo na vertical, sem estar apoiado em uma base, configurando uma seta *play*, ou espécie de "mira". Por fim, mas não menos importante, para analisar a situação da composição estratégica da marca no *presente*, um "quebra-cabeça" ou peças desmontadas são bem-vindos para ressaltar o que falta fazer, o que é necessário encaixar e como irão se organizar os componentes da marca para criar uma história estratégica coerente.

Toda história estratégica depende do ponto de vista e do contexto segundo os quais será analisada. *Assim, a constituição da história estratégica das marcas não é necessariamente cronológica, sequencial, tampouco é fixa*: depende sempre do uso que se esteja fazendo da ferramenta. Mesmo que cada marca tenha sua história peculiar, é possível identificar alguns padrões em algumas configurações possíveis entre as dimensões das marcas, configurando as seis estratégias arquetípicas da construção de marca.

As seis estratégias de construção de marca

O objetivo da análise da história estratégica das marcas é compreender a lógica das escolhas já feitas ou ainda passíveis de serem feitas por cada uma delas em relação aos papéis de cada uma das dimensões R, E e I para sua constituição. Essa análise ajuda a identificar em quais das dimensões as marcas ainda têm chance de crescer sua expressividade, seja por uma oportunidade não explorada em sua trajetória, seja por espaços no mercado para determinado comportamento. Ela também permitirá estabelecer a hierarquia dos investimentos e das ações de construção de marca. Determinadas marcas de Ideia, por exemplo, precisam investir no estabelecimento de seu Estilo de largada, como uma estratégia-meio, enquanto outras optam por investir em Reputação ou aguardam angariá-la. Enquanto isso, marcas reputacionais podem estar elaborando ideias para poder se destacar no mercado, e daí se segue o mesmo raciocínio com todas as combinações possíveis. O estabelecimento dessa combinação estratégica dependerá do contexto, da marca em si e de seus objetivos.

A combinação possível entre as dimensões, seus papéis, objetivos e conteúdos é sempre única. Cada análise da história estratégica das marcas e cada registro em seu *Brand Aim* é único e repleto de peculiaridades. Mas identifiquei algumas "combinações padrão", talvez até arquetípicas, que revelam aspectos interessantes do comportamento das marcas.

Um olhar baseado na lógica da semiótica poderia eleger um comportamento passível de ser chamado de clássico: aquele em que uma "marca" teria como base sua Reputação, que estabelece suas qualidades "por essência" e que utiliza o Estilo como link, como meio para transmitir uma Ideia, seu significado final. Esse percurso resvala na composição: R>E>I. Talvez grande parte das marcas "reputacionais" tenha se constituído dessa forma, enquanto outras começaram seus percursos como *challenger brands*, que traça justamente um caminho oposto, espelhado, baseando-se em uma Ideia, que é materializada por um Estilo o qual só assim estabelece uma Reputação: I>E>R.

As três dimensões (Reputação, Estilo e Ideia) e seus três possíveis papéis (base, meio e coroação) engendram seis *possíveis padrões para as marcas, os quais podem nos dar insights a respeito de como elas conduzem as demais decisões estratégicas*. Até conseguirem "se encaixar" num desses modelos, no entanto, as marcas podem passar por repetições, tentativas e erros e até por mais de um modelo para poderem se consolidar como marcas expressivas. É o caso das *bid brands*: as marcas que não têm Reputação nem Estilo nem Ideia bem definidos e/ou não conseguem definir os papéis de cada um deles estrategicamente em um mercado. No caminho oposto, ou seja, o da expressividade ululante de Reputação, Estilo e Ideia, algumas marcas conseguem construir bases sólidas em todas as dimensões, revelando-se marcas R.E.I, capazes de se encaixar em todas as estratégias.

Na sequência, veremos *Brand Aims* com marcas que completaram seus percursos estratégicos e atingiram grande expressividade no mercado, ou estão direcionadas para tal, a caminho de conquistarem ainda maior *expressividade* em seus cenários.

R1. A configuração clássica: R>E>I

No caminho clássico, a marca se baseia em um ou mais fatores reputacionais, estabelece seu Estilo de maneira crucial para demarcar essa base e, no fim, coroa seu percurso com a revelação de sua Ideia. Marcas estabelecidas podem apresentar essa configuração estratégica hoje, o que não significa que não tenham utilizado outras para conquistar essa posição.

O caminho clássico é também aquele com que se identifica grande parte das marcas líderes de seus mercados e as mais "tradicionais", como McDonald's, Coca-Cola, Omo, Dove, Nike, Skol, Brahma, Bic e Unilever. Muitas dessas marcas poderiam também ser classificadas como marcas R.E.I, no entanto o caminho clássico é o estado típico de seu comportamento. A Reputação é a base da confiança e sua distintividade. O Estilo é marcado e funciona como uma barreira que "blinda" a marca no mercado, e muitas vezes ela dita os "códigos" estéticos e sensoriais daquela categoria: pense nas formas e cores da Coca-Cola, na estética das canetas Bic e nas cores e perfume do sabão em pó Omo. Todos eles formam a "concepção" mais genérica do que é um refrigerante de cola, uma caneta esferográfica e um detergente de roupas. A Ideia, por fim, é a revelação do valor que a marca entrega ou do conceito por trás dela, que não necessariamente esteve tão explícita em seu início.

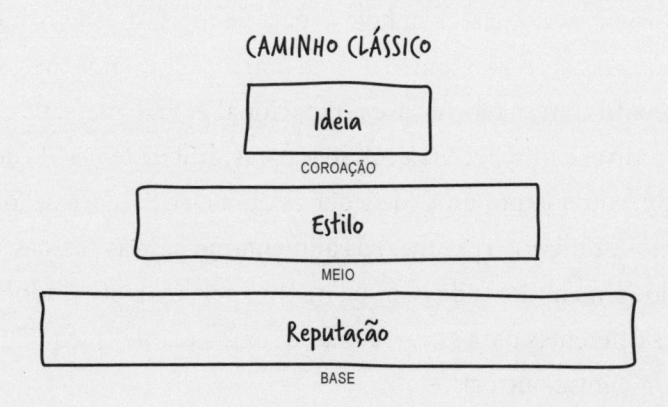

CAMINHO CLÁSSICO

Ideia
COROAÇÃO

Estilo
MEIO

Reputação
BASE

Coca-Cola e McDonald's: R>E>I

A Coca-Cola é, sem dúvida, não só o refrigerante, mas o produto de consumo mais conhecido ao redor do mundo, cuja Reputação é tamanha que não reflete o produto em si, mas sim a marca. Trata-se de "sou a Coca-Cola", e não de "sou um refrigerante de Cola". A primeira declaração é, sem dúvida, muito mais compreensível do que a segunda e se dá em nível global e ultrapassando gerações. Seu Estilo único, demarcado e reconhecível apenas por parte de seu logo, de sua garrafa, ou mesmo de seu produto, é invejável. Enquanto isso, sua Ideia, bem executada nos diferentes elementos de saliência da marca e, especialmente, por meio de atividades de comunicação ao longo de anos, explicita a associação da marca à felicidade e à refrescância de formas diferentes. É, sem dúvida, uma marca R.E.I, mas que é ilustrada muito bem pelo caminho clássico. Seria possível dizer que ela surge como uma marca de Ideia, com uma fórmula diferente que conquistou o gosto das pessoas por seu Estilo. Assim, no passado, na época de seu lançamento, ela poderia ter sido considerada uma marca de Ideia com expressão (I>E>R). Hoje, mesmo que sua fórmula exata continue em segredo, seu conceito não é mais entendido como uma inovação, e sua base reputacional tem, sem dúvida, um grande impacto em sua distintividade no mercado global.

De forma muito parecida, hoje a ideia de um fast-food não é mais novidade. Assim, o McDonald's, uma marca R.E.I, também pode ser interpretado com sua forte base reputacional global, marcada por seu inconfundível Estilo (receitas, sabores, cores, ambientes, estilo de atendimento), coroado por uma Ideia que celebra esse Estilo: a de fornecer momentos de diversão por meio da alimentação para as pessoas, traduzida pelo "amo muito tudo isso" ou mesmo pela mais atual adoção dos apelidos diferentes para se direcionar à marca (como "méqui", "mac", "maczêra", entre outros).

R2. A Reputação inteligente: R>I>E

Quando as marcas já têm relevância em suas categorias, mas precisam de uma Ideia para poderem reafirmar, se fortalecer ou se provar como "a melhor escolha", "a mais inteligente" ou "o melhor custo-benefício", tem-se a "Reputação inteligente". Encontramos aqui marcas que precisam "justificar" seu preço, apesar de sua fama já conhecida, para continuar no mercado, com uma "Reputação inteligente". Nesse comportamento, assim como nos da Ideia como base, também encontramos algumas das marcas *challengers*, especialmente aquelas que já tiveram algum histórico no mercado e hoje trabalham para se posicionarem como líderes, ou mesmo crescer sua participação no mercado. É o caso das já citadas Pepsi, com sua adoção do "pode ser", e Avis, com seu exemplo clássico *"we're second, so we try harder"*, algo como "somos o segundo lugar, então trabalhamos com mais afinco". Essas marcas têm como "meio" uma Ideia que justifica ou fortalece sua Reputação e se coroam com a demarcação de um Estilo que identifica aquela forma particular de fazer as coisas dentro daquela categoria.

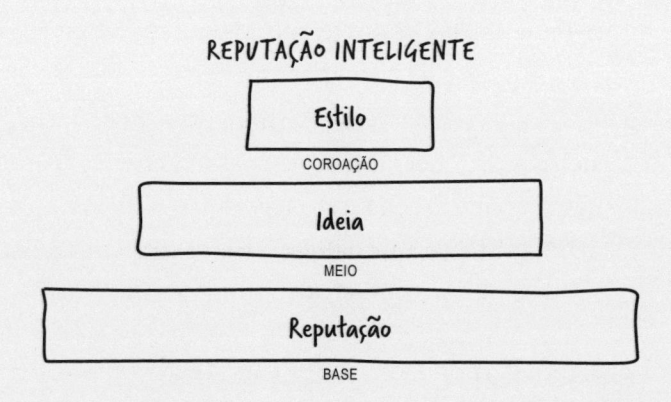

REPUTAÇÃO INTELIGENTE

Estilo
COROAÇÃO

Ideia
MEIO

Reputação
BASE

Heineken: R>I>E

A marca Heineken hoje pode ser considerada uma marca R.E.I e poderia ser categorizada no caminho clássico: uma Reputação estabelecida, um Estilo bem marcado e diferenciado e uma Ideia que coroa seu processo, aquela condensada pela frase *"open your world"*, um convite para escolhas mais amplas do que apenas as convencionais, que nem sempre são as melhores. Porém, quando a marca entra no Brasil, podemos dizer que ela adota uma estratégia de Reputação inteligente para rapidamente ganhar o mercado dominado pelas líderes nacionais. A partir de uma sólida base reputacional angariada por sua atuação histórica no exterior, associada à oferta de um produto de qualidade e presença em pontos de venda tradicionais, a marca inaugura uma nova Ideia ao redor da cerveja: a de que o puro malte confere um sabor e uma experiência diferentes para o consumidor. Sustentando essa Ideia por uma presença em pontos de venda diferenciados (baladas, festas e restaurantes da moda e outros eventos), campanhas irreverentes,[72] e o já citado slogan, a marca se destaca das demais em um mercado já bastante acirrado. Utilizando também uma cor mais fria, o verde, fugindo da tríade "mulher-praia-futebol" e dos territórios onde as outras já estavam presentes, a marca consegue coroar seus esforços estabelecendo um novo estilo no consumo de cervejas. Assim, por meio da Ideia de uma cerveja diferenciada, que quer fazer as pessoas mudarem seus conceitos sobre aquilo que já conhecem, a marca favorece sua Reputação e coroa seu percurso com um Estilo que demarca seu território.[73]

Porto Seguro: R>I>E

O segmento do seguro automotivo é fortemente pautado pelo preço e tem difícil tangibilização de seu nível de serviço, já que muitas vezes o consumidor não "usa" o serviço que contrata, a menos que ocorra um sinistro. No entanto, a Porto Seguro, que geralmente oferece os preços mais altos na categoria, é há anos a líder no mercado do seguro de automóveis. Como a marca conseguiu se manter tanto tempo nessa posição? Acredito que sua estratégia inteligente para fortalecer e manter sua Reputação é uma das respostas. A companhia de seguros criou uma série de "serviços agregados" a seu produto principal, o seguro de automóveis. De desconto em estacionamentos a serviços de manutenção da casa, a Porto já foi até operadora de celular e de cartão de crédito. Sua estratégia não era a de competir com os bancos ou as operadoras telefônicas da época, mas sim de oferecer esse tipo de serviço com o mesmo nível de atendimento de seu produto *core*, conseguindo tangibilizar para as pessoas seu "jeito de fazer" em um produto com o qual elas tinham muito mais contato diário.

A Ideia de trazer produtos inovadores expressa o conceito-essência da companhia, que chamo aqui de "cuidado extraordinário", o qual, embora nunca tenha sido explicitado em comunicação, revela a lógica estratégica da marca, podendo ter sido uma das justificativas ou o reforço para manter sua larga base de segurados, mesmo com um dos preços mais caros.

Assim, a Ideia de trazer esses serviços agregados para uma seguradora funcionou como um meio para enfatizar Reputação e é reforçado pelo Estilo. O cuidado está em seu Estilo, tanto em seu jeito de atender, como no objetivo de seus produtos: assegurar os bens e o bem-estar das pessoas. E tudo isso alimenta sua Reputação de "melhor e mais confiável do setor".

E1. O Estilo impulsionado: E>R>I

No Estilo impulsionado, encontramos marcas que começam com uma forte "faísca" de Estilo, entendendo que essa é sua essência, e adquirem ou constroem Reputação a partir daí, coroando tudo com uma Ideia que explicita todo o seu percurso. Foi o caso da marca de moda carioca Farm, que ilustra esse processo ao falar sobre sua trajetória: "A gente nasceu num pequeno estande numa feira de moda. Esse estande virou uma loja e depois uma rede de lojas que conquistou uma cidade, e mais outra cidade, estados e até outros países. Uau! Aquele nosso cantinho se tornou a marca da garota carioca e, quem diria, deu origem a um estilo de vida inspirador".[74]

Marcas de Estilo impulsionado podem angariar Reputação a partir de um reconhecimento de terceiros, sucesso de mercado, de elementos de sua própria essência ou mesmo quando elas adicionam deliberadamente a sua estratégia elementos reputacionais. Negócios da moda, restaurantes, escolas e consultorias, por exemplo, podem ser frequentemente enquadrados no arquétipo estratégico do Estilo impulsionado.

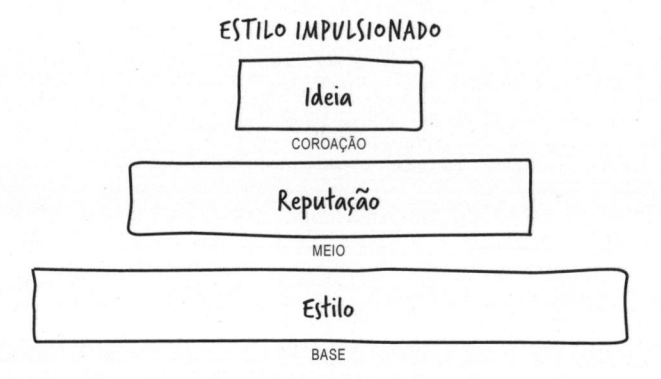

ESTILO IMPULSIONADO

Ideia
COROAÇÃO

Reputação
MEIO

Estilo
BASE

Farm: E>R>I

A marca de vestuário nascida no Rio de Janeiro declara em seu site: começou pequena e logo ganhou Reputação e saiu de uma lojinha para diversas filiais em shoppings e cidades do país. Seu estilo conquistou Reputação e revela a Ideia de fortalecer e inspirar nas pessoas a busca pelo "estilo de vida carioca". O percurso da marca mostra como o Estilo impulsionado pode se dar mesmo que de maneira não totalmente controlada, planejada, mas nem por isso deixa de ser crucial. A Reputação angariada por seu sucesso passa a ser parte de seu significado: declarações como "todo mundo já ouviu falar da Farm" se torna em si um elemento reputacional. Ao final, a Ideia se revela crucial no processo: ela justifica e explicita o frenesi em torno da marca.

Dengo: E>R>I

Cuidado, brasilidade e ligação com a Bahia. A marca Dengo consegue elaborar com muita elegância e, ao mesmo tempo, sobriedade e respeito, uma ode à origem brasileira. Partindo de valores e de uma estética que enobrece produtores, ingredientes e seu território, a Dengo consegue se lançar com um Estilo bastante marcado e que é identificado também nas receitas peculiares de seus chocolates. Cruzando ingredientes muito conhecidos, como o abacaxi e o coco, com outros menos usuais para o chocolate, como o cumaru e a tapioca, a marca consegue oferecer produtos finos com um Estilo próprio e com a capacidade de surpreender quem os experimenta.

Como a marca declara,[75] a finalidade de toda a sua atividade é valorizar o ingrediente e o produtor brasileiro e "inspirar" pessoas, buscando "um mundo com mais Dengo". Embora, numa visão mais cronológica, possamos dizer com tranquilidade que a marca tenha surgido a partir dessa Ideia, arrisco dizer que sua expressividade, hoje, tem em sua base o Estilo, e não a Ideia.[76] Vamos à Dengo principalmente porque ali tem chocolates gostosos e interessantes, e não só porque ela faz chocolates com ingredientes brasileiros. Outro fator estratégico crucial, além da preocupação com o Estilo, foi a atenção ao estabelecimento de sua Reputação como meio para viabilizar a marca. Isso acontece com sua inauguração em lojas em shoppings de alto padrão e de uma conexão em sua essência com outra marca que dá lastro a sua proposta: a presença em sua fundação de executivos da Natura, outra marca com uma proposta de valorização da origem e da sustentabilidade. Assim, a Reputação como meio ajuda a marca a entregar sua Ideia de valorização do ingrediente e do produtor brasileiro e a consolidar seu Estilo, estabelecendo a *expressividade* da marca com um Estilo impulsionado, desde seu lançamento. Com consistência nas três dimensões da marca, a Dengo já pode ser vista como uma marca R.E.I em ascensão.

E2. O Estilo com conceito: E>I>R

Marcas que se constroem por um Estilo amparado por um conceito que lhe dá sentido, permitindo que se consolide e adquira Reputação, são as marcas de Estilo com conceito. Aqui, temos marcas que ainda têm no Estilo, e não na racionalidade da Ideia, a sustentação de seu impacto na vida das pessoas e na expressividade da marca. É pelo estilo de Muji que nos encantamos, pelos aromas e sensações de Rituals que nos conectamos à marca. Suas Ideias são o "meio" para nos proporcionar esse Estilo, diferentemente do caso das marcas de Ideia que usam o Estilo para expressar a personalidade daquele tipo de Ideia. Por fim, a Reputação que as marcas de Estilo com conceito adquirem fortalece e consolida aquilo que criaram.

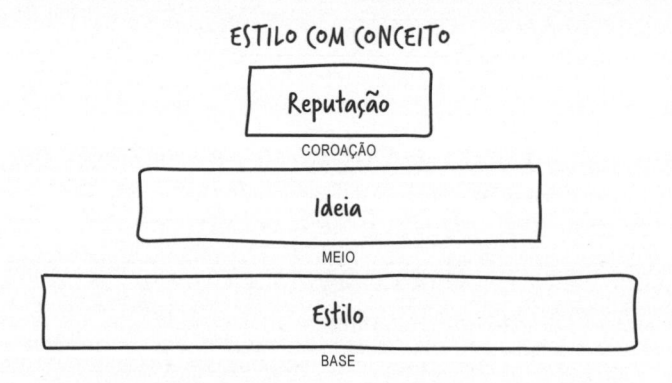

ESTILO COM CONCEITO

Reputação
COROAÇÃO

Ideia
MEIO

Estilo
BASE

Muji e Rituals: E>I>R

Ambas as marcas já foram discutidas ao longo desta obra, e vale ressaltar como ambas constroem um Estilo muito forte que é explicitado por

Ideias: ser a "marca do que não tem marca" e "promover o bem-estar de rituais milenares ao redor do globo", respectivamente. Ambas angariam suas Reputações ao longo de seu histórico de atuação, também pela abertura de lojas em locais de prestígio, outras estratégias de presença e outros feitos e fatos. São duas marcas com força nos três elementos e com forte capacidade para também se consolidarem como marcas R.E.I.

Chanel e Levi's: E>I>R

Chanel e Levi's são duas marcas R.E.I que, portanto, poderiam ter várias interpretações de suas *histórias estratégicas*. Chanel, por exemplo, apresenta em seu histórico fortes traços de um Estilo impulsionado, quando atrizes francesas da época adotam seus chapéus vendidos no número 21 da Rue Cambon.[77] Levi's passa a oferecer um produto inovador, que logo conquista Reputação por sua durabilidade e resistência, com a célebre campanha dos dois cavalos puxando um jeans e dizendo "não adianta, eles não podem ser rasgados!",[78] figurando como uma Ideia contagiante. No entanto, optei aqui por trazer o ponto de vista do Estilo conceitual para analisarmos o sucesso ainda atual das duas marcas, pois, a meu ver, é o arquétipo mais preciso para termos visibilidade da história estratégica traçada por ambas.

Coco Chanel trazia cortes, tecidos e comprimentos do universo masculino com frequência como inspiração de suas criações, como quando adotou o jérsei, tecido antes usado com pouca frequência no mundo feminino, ou inaugurou o famoso "corte chanel" em seu cabelo e de suas modelos, claramente inspirado no comprimento usual do cabelo dos homens. Sua bolsa, criada em fevereiro de 1955, a 2.55, contava com um fecho de fácil abertura para deixar as mãos das mulheres livres. Seus famosos tailleurs e cortes mais retos traziam elegância, modernidade e mais praticidade para a vida das mulheres desde o início do século. Sem dúvida, Chanel era uma marca de Estilo que encantava por revelar imediatamente uma Ideia de novidade, de modernidade e de novas possibilidades para a sociedade de uma época. Acredito que esse movimento que associa seu Estilo a uma Ideia muito forte foi o que gerou e ainda gera sua Reputação. Mesmo que hoje seja difícil hierarquizar os papéis e as forças de cada uma das dimensões R.E.I no impacto da marca, seu Estilo com conceito é o que cativa a todos.

A mesma circunstância ocorre com a Levi's. Se, por um lado, sua cronologia sugere ter partido de uma Ideia contagiante, ou seja, uma inovação que é rapidamente adotada, eu acredito que seu impacto atualmente, enquanto marca, é de outro tipo. Por meio de um novo Estilo, suas calças *jeans* trouxeram ou refletiram uma mudança de comportamento na sociedade, que é um impacto de Ideia, e por isso a analiso aqui sob a ótica do arquétipo estratégico do Estilo conceitual. A conexão do Estilo e da Ideia é que lhe traz Reputação: o Estilo não é uma consequência, mas uma base persistente na história da marca. Se no início suas calças jeans mais fortes foram roupas para o trabalho pesado, importantes numa época de revolução industrial e progresso, logo depois passaram a representar o caubói mítico do Oeste americano e toda a sua associação com uma "vida de liberdade e independência".[79] Mais tarde, elas passam a ser associadas com outro fator do zeitgeist: a moda dos jovens nos anos 1960. Passando pela onda do básico nos anos 1990, até hoje a marca consegue manter a relevância de seu Estilo e a conexão com as ideias de uma sociedade, que lhe trazem, sem dúvida, uma Reputação global e consistente.

I1. A Ideia contagiante: I>R>E

Quando as marcas partem de uma Ideia inovadora e conquistam uma Reputação ou investem em atributos reputacionais para conquistá-la, revela-se o caminho da Ideia contagiante. O Estilo aparece como coroação, para demarcar o percurso e definir a essência da marca.

Muitas start-ups contemporâneas seguem esse caminho. Foi o caso de Quinto Andar, Dr. Consulta, Loft e outras. A partir de uma oferta inovadora dentro das categorias, apoiada também por estratégias de presença, interação e outras, essas marcas inauguram "novas formas de fazer" que logo ganham adeptos ou são apoiadas por aspectos reputacionais. Seu Estilo é consolidado ao "final" do percurso ora para demarcá-las e identificá-las, ora para selar suas essências, como foi o caso do restaurante Mocotó.

IDEIA CONTAGIANTE

Estilo
COROAÇÃO

Reputação
MEIO

Ideia
BASE

Dr. Consulta: I>R>E

Facilitar o acesso a consultas médicas de qualidade, democratizando o acesso à saúde num país ainda falho em provê-la a todos os seus cidadãos, é a proposta de valor da Dr. Consulta, um negócio que oferece consultas médicas e até exames à população em geral. Com uma forte estratégia de presença, localizando-se em pontos de fácil acesso também ao público usuário do transporte público, a Dr. Consulta trouxe não só uma oferta inovadora, mas um conjunto de estratégias de saliência que inaugurou uma nova Ideia no mundo da saúde e logo lhe trouxeram Reputação. A partir de uma primeira clínica na favela de Heliópolis, dez anos depois de sua fundação, a marca conta com 35 centros médicos em São Paulo, Rio de Janeiro e Belo Horizonte. Seu Estilo coroa a marca com fortes elementos reputacionais: um nome fortemente associado a sua oferta e a sua categoria, com cores, imagens e linguagens igualmente objetivas e associadas a seu serviço, coroando e ressaltando sua proposta de valor.

Loft: I>R>E

Segundo seu próprio site, "a Loft é uma plataforma digital que usa a tecnologia para simplificar a venda e compra de imóveis. A Loft foi fundada em 2018 em São Paulo, e conta com o apoio de importantes investidores globais em capital de risco, incluindo a Andreessen Horowitz, a Fifth Wall, a Thrive Capital, QED Investors e a Monashees".[80]

A partir de uma Ideia inovadora, a marca constrói sua Reputação por meio da associação com investidores globais que lhe trazem credibilidade em um mercado em que o atributo é fundamental. Por fim, a marca é coroada com um Estilo que explicita sua personalidade descontraída e inovadora.

Mocotó: I>R>E

O restaurante Mocotó, do chef Rodrigo Oliveira, teve suas atividades iniciadas em 1973, por seu pai José de Almeida, no bairro da Vila Medeiros, na Zona Norte de São Paulo.[81] A partir de uma culinária diferenciada, que unia ingredientes e receitas do Nordeste brasileiro com técnicas gastronômicas da cozinha internacional (Ideia),[82] o restaurante adquiriu sua notoriedade (Reputação) e hoje figura como um dos melhores restaurantes da América Latina. Conquistou o selo Bib Gourmand e de "melhor restaurante do mundo" na categoria "sem reservas" em 2019. Como já foi colocado anteriormente, o restaurante coroa tudo isso com uma essência que mantém um Estilo baseado em seus valores, explicitada pela frase: "É feito com os olhos no mundo e os pés sempre firmados no sertão", e vivido também por uma postura que mantém suas origens, inclusive no fato de manter sua localização original. Tal postura é ampla, preocupa-se com temas como inclusão no quadro de funcionários e cuida também do seu entorno, com ações louváveis, como a distribuição de comida para a comunidade durante a última pandemia da covid-19.

I2: A Ideia com expressão (I>E>R)

Quando as marcas partem de uma Ideia e utilizam fortemente o Estilo para dar vida a ela, encontramos o caminho da Ideia com expressão como arquétipo da estratégia de construção de impacto da marca. Seu "final" é a coroação com uma Reputação que celebra o processo, dá credibilidade ao percurso da marca ou "cria" uma nova forma de se referir à marca, às vezes até criando uma categoria. O Nubank, já muito comentado aqui, foi uma das marcas brasileiras que utilizaram esse caminho com bastante sucesso: sua Ideia inicial, a de ser um banco sem taxas e diferente dos demais, não contava ainda com todos os produtos que um banco oferece. Mas, apoiada por um Estilo e uma interação muito diferentes da categoria, a marca conseguiu entregar sua Ideia inicial e atingir patamares reputacionais muito rapidamente, explicitando a força da dupla "Estilo" e "Ideia" quando trabalhados com a correta coordenação. Ao final, torna-se "o caso de sucesso" de um banco digital, sendo o grande exemplar da categoria. Os azeites Graza, nos EUA, também têm vocação parecida.

O Estilo também pode incluir valores e uma visão de mundo compartilhada com seus públicos, aumentando e sustentando a força de base da Ideia. Diferentemente do Estilo conceitual, o caminho da Ideia com expressão entrega na base de seu impacto uma nova racionalidade dentro da categoria e conta com o Estilo para materializá-la.

IDEIA COM EXPRESSÃO

```
    Reputação
    CORONAÇÃO
      Estilo
       MEIO
      Ideia
       BASE
```

Pantys e Sugru: I>E>R

Já mencionadas aqui, a brasileira Pantys e a britânica Sugru são dois exemplos de marcas com muita Ideia em sua base. Ambas apresentam propostas de ofertas de um novo produto em uma categoria que inauguraram (primeira ideia), estando a favor de uma causa maior que elas (demais ideias). Pantys traz calcinhas absorventes com tecidos tecnológicos (1), a favor de desmistificar o tabu da menstruação, deixar as mulheres mais confortáveis com o tema e consigo mesmas (2) e ainda diminuir o uso de absorventes descartáveis (3). Sugru traz uma "cola moldável de silicone de alta performance" (1) a favor de diminuir o descarte de produtos que estragam, mas poderiam ser consertados (2). Além da força e riqueza da Ideia, ambas se utilizam do Estilo como meio para consolidar, materializar, atrair e até "possibilitar" o uso de suas Ideias, especialmente no caso da marca ligada à moda, a Pantys. As calcinhas da Pantys têm estilo, seguem a moda e não se apresentam com a frieza de produtos meramente funcionais. Mas tanto Pantys quanto Sugru têm no Estilo um diferencial estratégico: as coisas consertadas com a cola de silicone que vêm nas mais variadas cores se tornam *descoladas* e *atrativas*. A Reputação angariada por ambas, assim como nos outros exemplos, acontece naturalmente como uma "coroação" de seu trabalho, dando ainda mais ênfase a suas propostas de impacto e inaugurando, para ambas, novas categorias: a de "calcinhas absorventes" e a de "colas moldáveis de silicone".

Liv Up: I>E>R

Buscando se posicionar como uma alternativa saudável de alimentação, mas com a praticidade da comida pronta e congelada, a Liv Up trouxe um novo nível de entrega para a categoria: ingredientes orgânicos e receitas "naturais" e nutritivas, sem química. Sua Ideia de comida congelada e saudável a um preço mais acessível se complementa com um Estilo que entrega a saudabilidade e valoriza os orgânicos e as receitas mais "caseiras". Sua Reputação é logo criada entre adeptos da praticidade e até entre nutricionistas, consolidando o percurso da Ideia com expressão na criação do impacto da marca. A tríade Ideia, Estilo e Reputação explica e viabiliza o sucesso da marca, quase desde seu lançamento, para quem busca uma comida prática, congelada e saudável (Ideia), com qualidade de chef (Estilo), valorização do natural (Estilo) e com a possibilidade de se tornar sinônimo de uma nova categoria: comida congelada, saudável e natural (Reputação).[83]

Azeites Graza: I>E>R

Os azeites Graza, produzidos na Espanha e vendidos inicialmente nos EUA, também partem de estratégia da Ideia com expressão: a partir da Ideia de serem "azeites para serem utilizados, e não economizados" (em inglês, *"to be squeezed, not saved"*, já que vêm em uma embalagem que permite que eles sejam "apertados", ou *squeezed*), a marca traz um Estilo bastante diferenciado dos códigos mais tradicionais da categoria, aproximando-se de um público mais jovem e moderno. Ao final do percurso, a proposta é que seja reconhecida como o "azeite de qualidade para o dia a dia" ou o "azeite para uma cozinha premium", criando um novo nicho na categoria, visto que comumente os azeites para culinária são de menor qualidade.

As marcas R.E.I (R=E=I)

As marcas mais *expressivas*, que conseguiram se construir de forma relevante e inspiradora, geralmente não se encaixam em apenas um desses seis modos de construção, mas em muitos deles ao mesmo tempo. São as "marcas R.E.I", ou "S.I.R *brands*" (numa tradução para o inglês, de *Style, Idea* e *Reputation*). Essas marcas apresentam conteúdos robustos o suficiente nos três comportamentos, sendo possível contar suas histórias estratégicas a partir das mais diferentes perspectivas. Nesses casos, o mais importante é que a história contada no momento de análise seja condizente com o ponto de vista que se constrói e que haja a consciência de que ela é uma das possíveis *interpretações*. Importante notar também que, em cada momento, uma marca R.E.I pode estar buscando refinar ou fortalecer um dos três comportamentos e podem se comportar de acordo com uma das seis estratégias padrão da marca.

Na adoção de marcas R.E.I como *benchmarks* para construção de marcas, é necessário um cuidado com a adoção de seus comportamentos como o "padrão" dentro de uma categoria, ou como algo que funcionará para outras marcas; afinal, cada uma tem seu jeito de jogar, e tudo dependerá do contexto e da essência delas.

Uma marca R.E.I pode ser contada a partir das três bases de seu comportamento, sem necessariamente estabelecer a hierarquia entre elas. Já observei que grande parte delas pode ser analisada a partir do modelo clássico (R1: R>E>I), no entanto há exceções, como o caso da Chanel e da Levi's (E2: E>I>R), citadas na seção anterior. Mas, no geral, as marcas R.E.I devem ser analisadas a partir das três bases interagindo entre si, com papéis complementares.

MARCA R.E.I		
REPUTAÇÃO	ESTILO	IDEIA

Illy (R.E.I)

A marca Illy, sem dúvida, é uma com as maiores Reputações no mundo do café e se apresenta em seu site como "uma empresa conhecida e apreciada nos cinco continentes pela alta qualidade e o inconfundível gosto aveludado do seu café, um *blend* inconfundível composto por nove tipos de pura Arábica que diariamente delicia milhões de pessoas em casa, no escritório, nos hotéis, restaurantes e bares".[84]

Desde o início, a tecnologia e a inovação estiveram presentes em sua constituição e sua oferta, fosse com a pressurização de suas embalagens, que conservavam as características aromáticas dos grãos torrados por mais tempo, fosse pela oferta de cafés em sachês (muito antes das cápsulas), ou pela precisão de sua Illeta, uma máquina de *espresso* que refinou a maneira de se fazer café com alta pressão e com a temperatura ideal da água. Além das inovações, a marca apresenta uma proposta de valor presente e vivida desde o momento de sua fundação. Andrea Illy, presidente da marca, define essa Ideia em seu livro *O sonho do café*, como produzir "o melhor café que a natureza possa oferecer, exaltado por um trabalho que reúne as mais eficientes tecnologias e a experiência de mais de oito décadas de paixão familiar e empresarial".[85]

Seu estilo é inconfundível e muito bem marcado desde o logo, passando pela torra, a embalagem e a extração. Há até o cuidado com sua xícara proprietária, que foi cuidadosamente projetada e desenhada em todos os seus detalhes: desde o formato, até o tamanho e o som que ela produz ao tocar o pires; para Matteo Thun, o designer italiano responsável por sua criação, ela deveria "falar a todos os nossos sentidos, inclusive ao tato, à visão e à audição"[86] Interessados pela arte e pela ideia da beleza, a Illy entendeu cedo que esses atributos deveriam estar presentes em todos os pontos de expressão da marca. Andrea declara em seu livro diversos exemplos e momentos que o levaram, junto a seu irmão, a "se dedicar ao máximo para conferir beleza ao que faziam e deixar tudo atraente e arrebatador. Qualquer coisa. Das latas às máquinas para preparar o produto em doses, das cápsulas de café ao objeto essencial para o consumo: a xicrinha".[87]

Foi essa valorização da estética e do estilo que talvez tenha levado a Illy a promover uma das colaborações entre *marcas e artistas* mais famosa e consistente da história do branding. A partir da nova "tela em branco", criada por Matteo Thun, as xícaras, a empresa passou a convidar importantes e renomados artistas para ilustrarem suas porcelanas e darem a ela sua interpretação. As criações são muito mais do que apenas "ilustrações" ou "desenhos bonitos" e trazem as ideias dos artistas para esse novo *canvas*. Yoko Ono, uma das convidadas, por exemplo, trouxe uma simulação da técnica japonesa do *kintsugi*, que remenda objetos quebrados com filetes de ouro para valorizar o item e suas histórias. As cinco *mended cups* da coleção de Ono parecem ter sido destruídas e depois reconstruídas pela artista e trazem, em seus pires, datas de acontecimentos pessoais ou históricos, como a data do bombardeio a Hiroshima, dizendo: "Esta xícara foi quebrada em Hiroshima em seis de Agosto de 1945" e depois "e foi reconstruída em 2015". A sexta xícara é lisa, não foi quebrada e traz a mensagem de paz da artista: "Esta xícara nunca será quebrada, pois estará sob sua proteção". Nesses mais de trinta anos da ação, muitos artistas já assinaram suas xicrinhas: Ai Weiwei, Mona Hatoum, Stefan Segmeister, Jeff Koons, Pedro Almodóvar, Marina Abramovic e muitos outros.

Hoje a empresa trabalha, como sua essência, uma frase que também é utilizada como *tagline* e, como acontece em casos muito raros, consegue resumir Reputação, Estilo e Ideia em uma única frase: o *live happIlly*. Segundo Andrea Illy, a filosofia da empresa está pautada num ciclo da felicidade que engloba tudo o que envolve o café: do meio ambiente ao cafeicultor, do grão à xícara, da máquina à experiência. E a marca de fato é uma das poucas a olhar para os detalhes de sua cadeia de uma forma mais atenciosa. A frase é "feliz" em unir a Reputação global da marca, transformando-a em um "Estilo" de fazer as coisas (o jeito "Illy" ou a "fillysofia", como chamou Andrea), e uma Ideia por trás de tudo: a da promoção da felicidade para todos os envolvidos com a marca.

Bid brands (marcas-aposta)

Assim como existem marcas que se destacam pelos três comportamentos, existem as que não se encaixam em nenhum: ou não têm relevância para dizer que conquistaram elementos reputacionais, ou não conseguiram estabelecer traços de um Estilo próprio, tampouco têm a clareza de uma Ideia. Mesmo assim, não deixam de ser marcas, com possível *awareness* e até preferência, pois não deixam de funcionar como signos, por menos *expressivas* que sejam.

É o caso da maioria das marcas presentes em nosso dia a dia. Geralmente, a falta de clareza de sua proposta de valor e a utilização de vários elementos de Estilo ao mesmo tempo, ou argumentos distintos, sem uma coordenação estratégica, é o que produz as *bid brands*. São tantas, e geralmente pouco *expressivas*, que nem sequer nos lembramos de suas existências. Mas elas estão presentes como opções após as líderes e as inovadoras desafiantes, como marcas de varejo, de negócio (B2B) ou recém-lançadas: são marcas que estão no mercado sem necessariamente uma estratégia bem construída, sujeitas à própria sorte.

Marcas com apenas uma das dimensões "parcialmente" estabelecidas também poderiam ser consideradas como *bid brands*: marcas próprias de varejo que contêm apenas a chancela reputacional da marca-mãe, marcas do setor alimentício que só guardam um Estilo lido mais pelo consumidor do que construído por elas próprias (refiro-me aos casos em que o consumidor relata que gosta mais de um produto do que de outro, apenas baseado em sua experiência subjetiva), ou marcas que se propõem a fazer algo diferente, mas não têm credibilidade, consistência ou mesmo uma identidade bem definida, como algumas marcas de negócios em fase de start-up.

De uma hora para outra, os atributos e elementos de uma *bid brand* podem se tornar relevantes, e daí seu nome.[88] Suas apostas, deliberadas ou não, contam com a possibilidade de, no futuro, conseguirem construir mais clareza sobre sua proposta de valor nos âmbitos da Reputação, do Estilo ou da Ideia. Algumas marcas podem nascer confusas e depois encontrar sua vocação e conseguir enxergar com mais clareza os componentes de sua Plataforma R.E.I. As *bid brands* também contam com possibilidades menos prováveis ou imprevisíveis que possam abrir espaço para essas marcas ganharem expressividade: o mercado pode mudar, o contexto do mundo, do pensamento etc. A concorrência, por exemplo, pode se enfraquecer ou deixar de existir por motivos muito diversos, como crises financeiras, de governança, entre outras. A Parmalat, marca antes reputacional e líder do setor, depois que enfrentou crises, abriu espaço para o surgimento de novos *players*: desde marcas globais, até outras que se fortalecem no cenário nacional. A todo momento, alguns negócios enfrentam crises e abrem espaço para as *bid brands*: é o caso da Livraria Cultura, cervejaria Backer, Lojas Americanas, Credit Suisse e outros. Tais acontecimentos, no entanto, são raros e abrem oportunidades tanto para *bid brands* quanto para marcas com mais clareza de suas dimensões R.E.I. Mas, quando ocorrem, são *oportunidades* para que todas essas marcas enxerguem suas possibilidades de expressividade e elaborem-nas melhor.

As *bid brands*, por sua fraqueza em gerar impacto e consequente menor capacidade de distinção e conexão com as pessoas, criam muito pouco valor para o negócio que representam e para as pessoas que as consomem e interagem com elas, deixando o território livre para as demais marcas com *expressividade*.

Os seis arquétipos das estratégias de construção de marca

Como visto, os seis arquétipos das estratégias de construção de marca são pontos de vista que interpretam a maneira como as marcas se utilizaram das três dimensões fundamentais das marcas para constituir suas *histórias estratégicas* particulares.

Cada arquétipo irá demonstrar a relevância e o papel de uma das dimensões na construção da marca e, com isso, guiar as decisões do negócio, influenciar a cultura organizacional e, claro, pautar a comunicação, a expressão e o relacionamento da marca com seus públicos. Uma marca que demonstra o "caminho clássico" se comunica e se comporta de uma maneira muito diferente de uma que utiliza a "Ideia com expressão", que, por sua vez, toma decisões diferentes das que trabalham o "Estilo impulsionado".

Os arquétipos aqui elencados unem algumas características comuns a esses percursos estratégicos identificados. Cada uma delas, no entanto, terá suas peculiaridades. Elas podem, inclusive, utilizar mais de um caminho estratégico para se constituir ao longo de sua história. O que fica claro é que aquelas que têm consciência da importância das três dimensões e têm clareza de como articulá-las na construção de sua marca *são as com a possibilidade de construir maior* expressividade.

OS SEIS ARQUÉTIPOS DAS ESTRATÉGIAS DE MARCA

"Caminho clássico"	"Reputação inteligente"
Atributos Reputacionais que, identificados por seu Estilo, impactam per se e clarificam seu significado com sua Ideia.	Atributos Reputacionais que são enfatizados, apoiados ou justificados por Ideias e depois demarcados por um Estilo.
"Estilo impulsionado"	**"Estilo com conceito"**
Estilos que cativam e são adotados imediatamente, revelando uma Ideia relevante ao final do "processo".	Estilos que traduzem Ideias e adquirem notoriedade por sua expressão e personalidade únicas.
"Ideia contagiante"	**"Ideia com expressão"**
Ideias rapidamente cativantes que se demarcam depois por seu Estilo único.	Ideias que se utilizam do Estilo para se materializarem e que conquistam Reputação capaz até de inaugurar novas categorias.

"Marcas R.E.I"
Clareza e força nas três dimensões, com dinâmicas variadas entre os papéis de cada uma. Estado ideal de uma marca forte e consolidada.

"Bid brands"
Marcas sem clareza de suas dimensões R.E.I, que podem obter sucesso caso seu contexto se altere ou se passarem a ter mais consciência de sua força.

A PLATAFORMA R.E.I (BRAND CROWN)

A junção das plataformas de Reputação (R), Estilo (E) e Ideia (I), estabelecida de maneira condizente com a história estratégica da marca, forma a "Plataforma R.E.I", ou a *Brand Crown* (coroa da marca). *Ela consiste na junção criativa dos principais conteúdos de cada uma das plataformas referentes a cada comportamento, exposto da forma mais pertinente para cada caso.* As marcas devem explorar as melhores maneiras de elaborar essa síntese de sua história estratégica, e dificilmente os modelos de plataforma de marca têm a possibilidade de encaixes universais, como já observou o estrategista francês Jean-Noël Kapferer.[89] Portanto, uma plataforma de marca não deve ser "fixa" ou rígida, mas remodelada a cada necessidade.

A Plataforma R.E.I (*Brand Crown*) tem o intuito de registrar e orientar o desenvolvimento da marca, funcionando como veículo orientador das principais decisões estratégicas acerca da história de constituição da marca. Importante lembrar que ele não é o único orientador: o estudo dos elementos de saliência da marca, da sinergia de seus significados e diversas outras discussões estratégicas também guardam esse papel.[90]

Muitas marcas acabam utilizando como plataforma de marca apenas a declaração de seu componente de Ideia, já que esse é o componente geralmente mais racional e mais fácil de se expressar. No entanto, a Plataforma R.E.I deve ser fiel à base de sua marca: se nela não se encontra uma Ideia, ela precisa enfatizar o Estilo ou o conjunto de atributos e declarações Reputacionais mais importante para a marca.

V

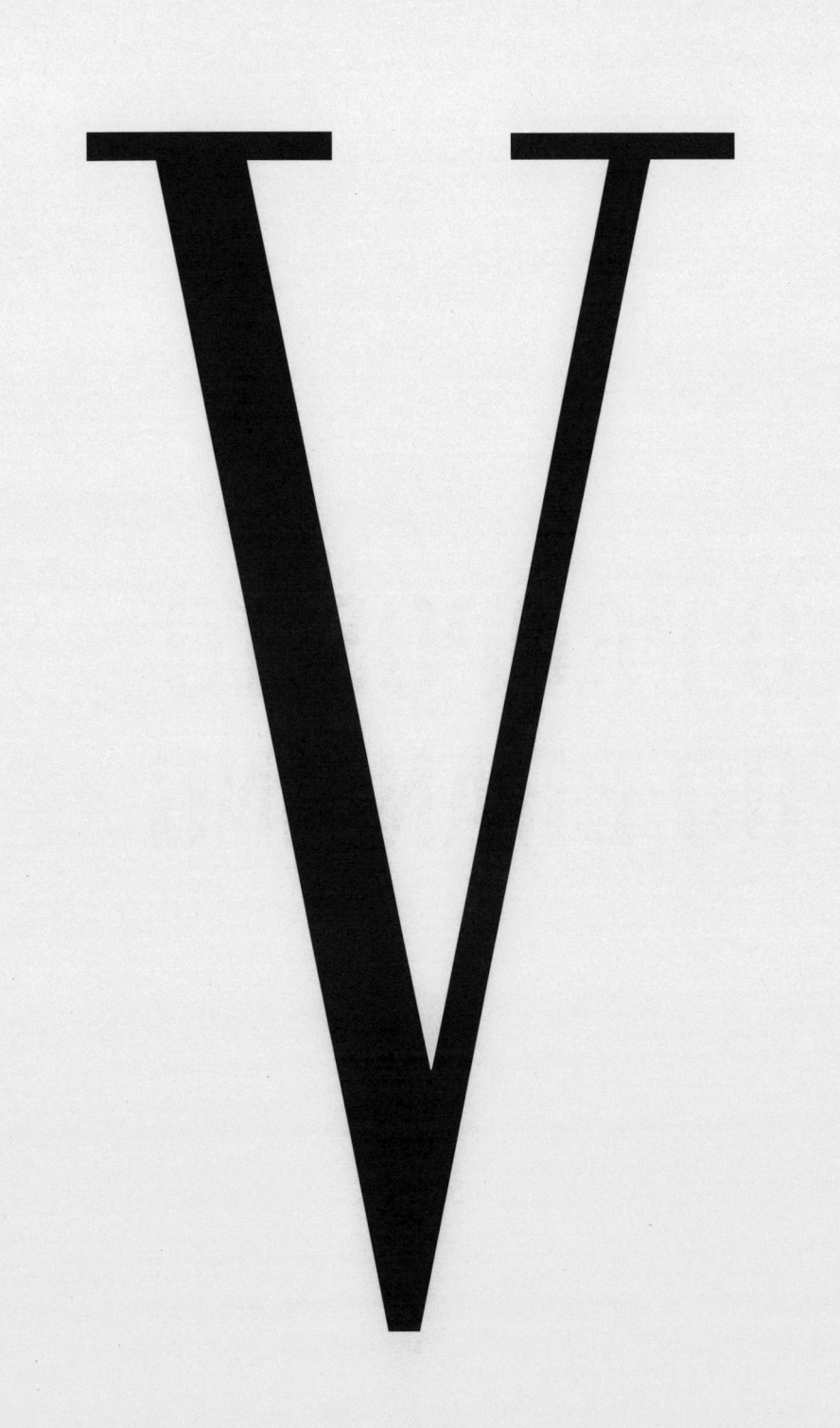

O PROPÓSITO DO BRANDING

Afinal, o que faz uma marca forte? Abrimos nossa conversa entendendo que há uma grande confusão da força da marca com o tamanho do negócio que a representa, com sua pertinência em tempos futuros, ou mesmo de sua força de ser lembrada pelo consumidor final. No entanto, espero que, a partir das discussões e dos conceitos estabelecidos por aqui, possamos ter a chance de avaliar as marcas com atributos que não falem sobre sua *performance,* mas sim sobre sua *expressividade*: a capacidade de se *distinguir,* se *conectar* e *impactar* a vida das pessoas.

A capacidade de distinguir, conectar e impactar, por sua vez, será construída a partir de uma clareza das dimensões que desempenham essas funções: a Reputação, o Estilo e a Ideia. Assim, marcas que têm clareza de suas dimensões R.E.I são o que chamo de *marcas expressivas: marcas que têm o que dizer e têm relevância no que dizem.* Lembrando que o "dizer" se refere à capacidade de significar algo, e já aprendemos que as marcas podem "dizer" muito sem usar nenhuma palavra. Assim, a *expressividade* das marcas precisa ser avaliada a partir da semiótica, de sua potencialidade de gerar significado para a vida das pessoas. A lógica da Reputação, do Estilo e da Ideia não é nada menos do que a ferramenta para que essa análise seja feita, em qualquer tipo ou momento dos negócios.

Mas do que adianta uma marca *expressiva* se sua mensagem não chegar até as pessoas? Marcas precisam de ações e investimento para poderem se espalhar e conquistar as pessoas, e é aí que aparece o *marketing* como a potência que possibilita o fortalecimento dos negócios nos mercados ou a entrada neles. Com suas ferramentas, das tradicionais às mais modernas, da publicidade ao *martech*, das relações públicas ao *growth*, do *trade marketing* ao relacionamento, é o marketing que leva a *expressividade* das marcas para os mais diversos públicos. Assim, concebo papéis diferentes para o branding e para o marketing na criação de marcas:

1. O branding é o responsável pelo estabelecimento da expressividade da marca, a clareza de sua Plataforma R.E.I.
2. O marketing é o responsável pela performance, pela divulgação, pelo fortalecimento e pelo relacionamento da marca no mercado e com seus principais públicos.

Assim, a força da marca se dá pela operação conjunta de dois esforços:

> EXPRESSIVIDADE x PERFORMANCE = FORÇA DE MARCA (VALOR)

Nessa equação, a performance é função da expressividade, ou seja, quanto melhor sua expressividade, maior será sua performance com o mesmo tamanho de investimento. Em palavras menos matemáticas, quanto mais você tiver clareza de sua estratégia de marca, melhor poderão performar seus investimentos em marketing. E mais força teremos na marca. O contrário também é válido: quanto menos soubermos sobre nossa expressividade, menos eficiência terão nossos investimentos em performance.

E o propósito? Que fim deve ter em toda essa construção? Acredito que trouxemos exemplos claros de como marcas que de fato se constituíram a partir de um propósito têm uma capacidade de trazer novidades para as pessoas e para o mercado e, principalmente, de deixar um outro tipo de impacto para o contexto em que atuam. No entanto, acredito que ficou claro também que empresas que se "escondem" sob a égide de um propósito, mas continuam com as mesmas práticas, valores e crenças passadas, poderão trazer consequências mais negativas do que positivas para seu próprio negócio e piores ainda para o mundo em que atuam. Assim, se uma vez a tônica do branding pediu que "começássemos pelo porquê", hoje eu convido todas as empresas a *começar pela transformação*: antes de passar por intermináveis discussões de propósito que têm grandes chances de terminar em uma de suas armadilhas, minha recomendação é de que esses negócios iniciem seu processo de transformação pela revisão profunda de seus valores, de sua cultura, de suas crenças e de seu modo de agir. E, para isso, não há uma receita pronta ou clara, mas tudo começa com ter visibilidade de suas forças, suas fraquezas e, principalmente, do mundo em que se está atuando.

Junto desse imprescindível processo de transformação, espero que a reflexão aqui apresentada sobre a Reputação, o Estilo e a Ideia possa contribuir para que enxerguemos, dentro dos diferentes ritmos dos cenários de mercado contemporâneos, as mais diversas formas e estratégias para construir marcas *expressivas,* ou seja, marcas com potencialidade para se tornarem mais fortes tanto para pessoas quanto para negócios. Acredito que, mais do que declarar intenções futuras, devemos desvendar nossas vocações para criar marcas mais expressivas para o mundo do agora. Entender sua essência para enfrentar os constantes desafios que o mundo lhe apresenta é a melhor maneira de deixar uma marca e um impacto positivo a partir daquilo que você faz. Esse deve ser o verdadeiro propósito do branding.

APÊNDICE

O BRAND PACE: A INTERFACE DAS MARCAS COM SEUS CONTEXTOS

Estudar a evolução dos mercados é fundamental para entender como uma marca pode ser relevante em seu contexto. Se todo o mercado do conteúdo e da programação de televisão passa a ser dominado pelos *players* que entregam esse serviço por meio do streaming, todos os grandes *players* globais que faziam isso por meio de cabos ou satélites começam a se preocupar, pois podem se tornar ultrapassados e irrelevantes. Se a fotografia se torna digital, todo o universo de produtos e serviços voltados para a fotografia analógica, das máquinas aos produtores de filmes e estúdios de revelação, não só se tornam irrelevantes como simplesmente se "desmaterializam",[91] deixam de existir. Enquanto isso, em outras categorias, a mudança pode ser menos drástica, e suas marcas evoluem enquanto convivem com diferentes "ritmos" de mercado: no mundo do chocolate, por exemplo, a quantidade de cacau no produto bem como a proveniência da matéria-prima começam a separar as marcas, mas não necessariamente excluem nenhuma. No mundo dos bancos, os *players* digitais começam a criar pressões sobre os incumbentes, mas todos coexistem, assim como, no mundo dos produtos industrializados, as versões menos processadas e com menos ingredientes passam a despertar a atenção e o desejo das pessoas.

APÊNDICE

As evoluções do mercado, do pensamento e do comportamento são variadas e diversas. Em cada categoria ou arena, acontece de uma forma; para cada público, é recebida e desejada de uma forma. É claro que há linhas mestras na evolução do pensamento e comportamento da sociedade, que influenciam todas as categorias, mas é necessário estudar esses movimentos com mais cuidado antes de generalizar. Assim como não são todas as inovações que "desmaterializam" certas categorias ou sofreram com a disrupção digital, nem todas evoluíram na mesma velocidade. O mesmo acontece com a centralidade de propostas voltadas para a sociedade ou o meio ambiente: há outras novidades que podem se sobressair, como outras formas de discurso, evoluções gráficas, evoluções no atendimento, no formato dos produtos e serviços etc. E vale repetir: a necessidade de se olhar para os aspectos ASG de qualquer negócio é veemente, mas não é em todo mercado que a maior novidade na criação de valor para as pessoas está centrada em propostas para a sociedade ou o meio ambiente.

O estudo desses movimentos da sociedade em interface com as marcas foi chamado por mim de *Brand Pace*: um modelo de visualização de contexto que, de um lado, traz o cenário maior em que estão inseridas as marcas e as sociedades e, de outro, o que as marcas e organizações têm oferecido às pessoas naquele tema, naquele assunto ou naquela categoria.

O estudo do contexto pode ser realizado de várias maneiras. Exemplifico aqui duas maneiras de abordá-lo: o que chamei de estudo da evolução do mercado, focado na evolução da oferta de um mercado, e o estudo mais focado na evolução do pensamento, dos desejos e dos comportamentos de uma época, expresso por uma palavra alemã que os publicitários e estrategistas amam pelo seu poder de síntese para definir o "espírito do tempo" de uma determinada época, o zeitgeist.

Estudando a evolução do mercado

O contexto de um negócio e suas marcas pode ser inicialmente estudado tomando como base o nível do avanço tecnológico da oferta no setor. Cada evolução pode ser considerada como um "marco" nessa linha evolutiva, ou até estabelecer diferentes *tiers* ou *subcategorias*. A chegada de novos produtos ou serviços pode inaugurar esses novos momentos em um determinado mercado: é o caso da cerveja puro malte, quando passa a brigar com as líderes tradicionais do mercado, e é o caso de carros elétricos ou híbridos que passam a competir com os motores exclusivamente a combustão.

No mundo dos protetores solares, por exemplo, a chegada dos chamados dermocosméticos trouxe *símbolos de avanços* na categoria ao oferecer produtos com texturas menos oleosas e cuidados avançados, desde maior fator de proteção solar até características hipoalergênicas e outros componentes capazes de proteger a pele das agressões provocadas pela exposição ao sol. Com seu surgimento, as marcas antes líderes da categoria foram "reposicionadas" para um *tier* diferente, e as marcas de dermocosméticos passaram a tomar o posto de maior valor e destaque, refletido também em maior preço. Dermocosméticos, nesse caso, poderiam ser considerados *símbolos de avanço* que provocam mudanças no contexto da categoria.

É interessante notar que o avanço tecnológico pode carregar também nuances sociológicas. A categoria de xampus, por exemplo, evoluiu de forma a não se falar mais em "cabelos normais", algo que por si só carregava uma leitura enviesada sobre os tipos de cabelos de uma população, trazendo novidades em suas formulações agora orientadas de uma forma menos preconceituosa e também mais conectada com a realidade de uso e o comportamento das pessoas: são fórmulas que atendem, por exemplo, aos diferentes tipos de cabelos cacheados ou alisados por tratamento químico. Já os bancos ou serviços financeiros digitais tendem a se posicionar contra os bancos tradicionais, colocados pelos primeiros como "cobradores de taxas injustas", e a se apresentar como "parceiros da liberdade financeira das pessoas". Por isso, ao se analisar um mercado, o estudo do espírito do tempo deve também ser levado em consideração.

Estudando o zeitgeist, o espírito do tempo

O chamado "zeitgeist" é o cruzamento das forças em jogo na definição do desejo, comportamento e movimento das pessoas de uma época. Essas "forças" são de diferentes naturezas, sendo compostas por correntes de pensamento, arte, filosofia, cultura e comportamento, bem como avanços tecnológicos, sociais, econômicos e políticos. A manifestação desse "espírito do tempo" fica explícita em muitas produções humanas, uma vez que todas as produções culturais das pessoas refletem, é claro, sua cultura: um filme, um livro, uma exposição, um festival, uma nova "celebridade", fatos inusitados que viram notícia, empreendimentos que se tornam sucesso, destinos turísticos que passam a ser cobiçados. Diversos "fatores", de diferentes naturezas, podem refletir aquilo em que as pessoas em uma época estão pensando, aquilo com o que estamos preocupados e os impactos das estruturas políticas, tecnológicas e artísticas dentro de nossas vidas.

Cada época tem seu "espírito do tempo". A história nos mostra como forças maiores de contexto, como uma revolução industrial, um sistema monárquico, uma ditadura ou uma revolução tecnológica influenciaram o modo como se estruturaram pensamentos, expressões artísticas e maneiras de se comportar, de se vestir, de se alimentar, de socializar, de viver, de morar. A influência não é sempre num único sentido: tudo, dentro do sistema, se influencia e é influenciado, e não cabe aqui entrarmos nessa investigação.

O entendimento do espírito de uma época pode se dar a partir de uma análise de diversos elementos. Filmes e séries podem discutir questões contemporâneas como o papel da mulher, as relações e preocupações dos adolescentes, as questões de gênero e sexualidade, ou novos jeitos de morar e encarar a vida: há muitas formas de se interpretar o mundo.[92] E há muitas pessoas também realizando esse trabalho fora do mundo das marcas, de jornalistas a pensadores, de cientistas a professores, e publicando suas conclusões das mais diversas maneiras.

Num projeto muito interessante que realizei na Oz Estratégia + Design, em que realizávamos o estudo para um lançamento imobiliário de grande porte no interior do país, lembro-me do dia em que nos deparamos com o texto de um professor de geografia que nos ensinava o conceito de *urbanidade*. Costurando ideias da urbanista e autora Jane Jacobs com as de outros que ele próprio pesquisava, seu texto mostrava a importância de aspectos fundamentais para promover maior "convivência" entre as pessoas nas cidades. Afinal, segundo seu conceito, quanto mais "urbanidade" tem uma cidade, mais fiel ela é a seu objetivo: o de conectar pessoas para facilitar trocas mercantis, sociais e culturais. Convidamos o professor para participar do projeto e descobrimos uma série de aspectos fundamentais para o bom urbanismo ou o lançamento de qualquer empreendimento imobiliário nas cidades contemporâneas: fatores como o uso misto, prédios com fachadas ativas, com lojas comerciais no térreo, áreas verdes e calçadas largas e aptas para o pedestre — todos assuntos de que ainda pouco se falava na época e que hoje são trabalhados por outras marcas nesse universo. A partir da leitura de um simples artigo, chegamos a um pensamento que foi crucial para aquele projeto e depois também foi relevante para outros.

Outras vezes nos deparamos com espécies do que chamo de *símbolos de avanço*, que reúnem um conjunto de tendências e visões de mundo de maneira exemplar. É o caso da história do estrelado chef Alain Passard, proprietário do estrelado restaurante Arpège, em Paris. Contada no documentário *Chef's table Paris*,[93] a história do chef tem uma reviravolta após sua decisão de começar a cozinhar apenas com ingredientes do mundo vegetal, tornando-os a estrela do prato, e não mais o mero acompanhamento. A decisão de um dos chefs mais premiados do mundo de adotar *apenas* vegetais em seu menu é tanto um reflexo quanto um reforço dessa tendência. Nos últimos anos, o vegetarianismo aumentou de maneira expressiva ao redor do globo, motivado por decisões que misturam a espiritualidade, os valores e as convicções de cada novo adepto a questões ambientais e de saúde atreladas ao consumo de carne. Só no Brasil, 14% da população já declara não comer carne.[94] A decisão de Alain, ao mesmo tempo, gera lastro e é lastreada pela tendência, funcionando como um *símbolo de avanço* do que já é um movimento consolidado. Além disso, o chef ainda foi um dos pioneiros na adoção de uma prática *farm-to-table*, ou seja, de cuidar também da plantação e do cultivo dos ingredientes que serão servidos no seu restaurante, figurando também como outro *símbolo de avanço*.

Por fim, importante salientar que o estudo do "espírito do tempo" pode ser feito a partir de várias óticas. O vegetarianismo, por exemplo, pode ser ele próprio o fator a ser decupado em ritmos diferentes. Ao estudar "a evolução do vegetarianismo", num exemplo grosseiro a ser traçado aqui, podemos encontrar desde momentos em que se buscava "imitar" o consumo de carne com receitas derivadas, por exemplo, da soja, até o momento em que se rompem essas amarras e os vegetais passam a "brilhar por si só", tendo o restaurante do chef estrelado como um grande *símbolo de avanço* do que poderíamos chamar de *pace* 4.0 do vegetarianismo, ou quarta onda do vegetarianismo. Nessa ótica, é interessante notar como as "carnes do futuro" podem nascer sendo posicionadas, de certa forma, de maneira ultrapassada. Mas também podemos estudar o vegetarianismo como um "sinal" de algo maior que ele, se estivermos, em outro caso, analisando a emergência de uma nova consciência global sobre nosso relacionamento com a produção de comida e com o meio ambiente. Nesse caso, os *paces* seriam outros, e a popularização dessa nova forma de comer e consumir seria um dos acontecimentos simbólicos, ela própria, de um novo *pace*, um novo "ritmo" nessa relação com o planeta.

Os diferentes ritmos dos mercados

Com essa leitura de contexto, acompanhada por símbolos de avanço ou outros tipos de leitura de contexto em mãos, conseguimos traçar o que é mais valorizado ou está começando a direcionar a atenção das pessoas e, por consequência, a determinar a relevância das marcas. Cada negócio irá responder de maneira diferente a esses movimentos do tempo. Alguns optarão por não se conectar a esses movimentos de vanguarda, até que eles se tornem relevantes e maduros o suficiente numa sociedade. E por isso também a leitura de contexto é importante: para ajudar a mapear como a essência, os valores e a capacidade de negócio e de entrega podem se relacionar com essas tendências. Em outras palavras, é importante entender a harmonia da interface entre a marca e a sociedade, entendendo o *ritmo* no qual ela quer jogar.

Dentro de qualquer época, existem diferentes *ritmos* nos quais as pessoas estão pensando sobre um assunto,[95] ou as empresas oferecendo qualquer mercadoria ou serviço. Da mesma forma, existem negócios que se estruturam de modo mais afeito a cada um desses *ritmos*, seja por conta do tipo de oferta que são capazes de oferecer ao mercado, seja por conta da cultura e dos valores das pessoas na organização, que se identificam mais ou menos com determinado movimento. O casamento entre esses ritmos é o que constitui o *Brand Pace*.

Se utilizarmos "números" para indicar a evolução do pensamento e da tecnologia em uma categoria, poderemos começar a entender o *fit* de uma organização com os *paces* do mercado em questão. Cada categoria ou conjunto de categorias terá seu *pace* estruturado de forma específica, mas, grosso modo, em sua maioria é possível identificar aqueles *players* que oferecem uma entrega mais "básica", simples e quase *commoditizada* do serviço ou produto. Da mesma forma, há os players *mainstream*, que tendem a ser aqueles da "corrente principal", os líderes, que apresentam sua oferta de maneira a atender aos principais desejos e requisitos da maioria das pessoas. Também há os *players* mais "novos" ou "premium", que trazem algo a mais na oferta comum e, por fim, os "à frente do tempo", com inovações disruptivas ou novas formas de abordar aquele mercado. Assim, embora cada estudo deva estabelecer seus próprios critérios e número de *ritmos*, podemos dizer que existem quatro níveis básicos do *Brand Pace*: o nível da *commodity*, de entrada do assunto, o nível *mainstream*, da oferta padrão e mais difundida da oferta, o nível *premium*, que oferece algo a mais, e o nível de *vanguarda*, que subverte ou é até disruptivo na forma de fazer as coisas.

OS DIFERENTES PACES			
1.0	2.0	3.0	4.0
COMMODITY O *pace* elementar	**MAINSTREAM** O *pace* dos líderes	**PREMIUM** O *pace* da novidade	**VANGUARDA** O *pace* à frente do tempo
Marcas com a oferta mais elementar, sem muitos atributos, mas que continuam relevantes, com demanda e oferta no mercado.	Marcas que têm uma entrega padrão que, em geral, define o maior mercado.	Marcas que têm uma entrega com inovações desejadas e demanda em crescimento.	Marcas com oferta diferenciada e que antecipam, lançam ou buscam consolidar tendências.
Ex.: Chocolate ao leite de marcas próprias.	Ex.: Marcas líderes de chocolate.	Ex.: Chocolate com mais cacau, zero açúcar ou com ingredientes naturais.	Chocolates *bean-to-bar*, focados em fair trade e certificação de mão de obra na cadeia de valor.

Em alguns casos, o próprio mercado já tem seus termos organizados para a definição de seu *pace*. É o que acontece com o mercado do café. A partir das "três ondas do café", termo inaugurado pela barista Trish Rothgeb,[96] o mercado cafeeiro pôde ser dividido entre aqueles que começaram a levar o café para um público mais amplo, que antes não consumia o produto, e corresponde à primeira onda, na qual se localizam todas as marcas que trabalham com o "café de todo dia", o *pace commodity*. Na sequência, o *pace mainstream* corresponde às cafeterias, como o Starbucks e muitas outras redes locais, que trazem ao consumidor novas receitas e formas de consumir a bebida, na mistura com leite ou outras receitas, fazendo do café um momento mais especial do que o corriqueiro do dia a dia. Na sequência, vem o segmento "premium", das cafeterias de terceira onda, que olham para a origem do café e têm maior cuidado com as características sensoriais do grão, fazendo a torra em microtorrefadoras e comprando pequenos lotes de produtores regionais. Na possível quarta onda, ainda em estabelecimento, segundo a própria Trish, os *players* deverão olhar especialmente para "fazer a diferença para todos na indústria, e não apenas para indivíduos". Poderíamos dizer que o foco será em questões "para além da xícara", que levarão em conta a existência de *diversidade* de pessoas na cadeia de valor do café e outros aspectos da sustentabilidade e do comércio justo. Como visto, elementos da *oferta* (torra, moagem, extração), da *experiência*, da *postura*, do *lastro* e de outros elementos se confundem para formar as características de cada um dos *paces* no mundo do café.

EXEMPLO: O BRAND PACE NO MUNDO DO CAFÉ

1.0	2.0	3.0	4.0
PRIMEIRA ONDA	SEGUNDA ONDA	TERCEIRA ONDA	QUARTA ONDA
Commodity: a primeira revolução do café, quando muitas pessoas passaram a consumir café.	A onda *mainstream*: quando o café vai para a cafeteria, ganha versões com leite e mais sofisticadas.	Premium: quando o café passa a ser apreciado por sua origem e pela qualidade do seu grão e passa a ser ofertado por microtorrefadores e oferecido em uma variedade de métodos de extração.	Vanguarda: marcas que olham para o ciclo completo do café "além da xícara", pensando no produtor, na natureza, na diversidade e inclusão no mundo do café.

O *Brand Pace* é construído de acordo com os critérios que cada uma das categorias apresenta, e por isso é fundamental conhecer o mercado e a sociedade em que se atua. De outro lado, também é necessário um olhar mais amplo sobre o que uma marca representa, e não apenas um foco no que um negócio faz, sua oferta, mas sim em tudo o que o configura: a experiência que oferece às pessoas pode ou não estar de acordo com o *pace* do contexto; os valores e a postura da empresa podem ser mais ou menos condizentes com determinado ritmo, assim como suas práticas de marketing, sua identidade e o discurso de sua comunicação. Do produto ao lastro, do discurso à experiência, tudo precisa ser coerente para que uma marca jogue harmoniosamente com o ritmo de que escolheu participar. Com essa clareza sobre os *paces* de cada mercado, é possível identificar, por exemplo, que uma empresa com uma cultura "2.0" dificilmente poderá ofertar um produto no nível "4.0": seu arcabouço cultural não sustentará sua entrega. Em outras palavras: empresas com culturas organizacionais mais tradicionais dificilmente poderão se organizar e se adaptar para gerar produtos e experiências para um público com valores, expectativas e exigências diferentes daqueles que a empresa pratica dentro de sua própria casa.

Outro fator de atenção na análise do *pace* é a inclinação a se valorizarem aquelas iniciativas que estão "à frente de seu tempo", já que podem ser aquelas que perdurarão e terão mais espaço no futuro. No entanto, nem sempre essa é a opção mais estratégica. Cada público tem sua necessidade, cada pessoa tem seu momento, e nem sempre o que chamei aqui de "posição à frente do tempo" é a melhor. Nem todo negócio pode se estruturar para atender "consumidores de vanguarda": apesar da possível relevância do comportamento ou da corrente de pensamento que adotam, eles ainda podem não representar um número expressivo capaz de sustentar o tamanho daquele negócio já estabelecido, que, por conta disso, precisa se concentrar na oferta que segue atendendo o consumidor *mainstream*. Afinal de contas, nem sempre as pessoas estão buscando um produto ou serviço à frente do seu tempo: pode ser até que o maior volume do mercado ainda se concentre em venda de ofertas *commodity*. Assim, mais do que escolher onde uma marca *quer* estar, é importante também entender onde ela *pode* estar, a partir da análise de suas possibilidades de negócio e da reflexão sobre aquilo que ela é capaz de entregar em sua operação, sem se esquecer de entender o *fit* com sua base de valores e visão de mundo.

No caso do café citado acima, é possível enxergar o exemplo de que nem sempre estar "à frente do seu tempo" é bom. Quando busca uma cafeteria, o público em geral muitas vezes procura por um café mais simples do que um microlote de uma microtorrefadora, servido apenas no método V60 e a um preço justificadamente maior do que o do *espresso* da casa. Nem sempre as pessoas estão neste *ritmo*.

Assim, mesmo que, após esse exercício, os *players* percebam que não estão aptos a atuar nos *paces* mais avançados, eles podem fazer ensaios ou encontrar soluções para se conectar com o público de nicho, lançando uma linha de produtos voltada para aquele segmento, ou agregar a seu produto características que mostrem um diálogo com as novidades.

No nosso exemplo inicial, o "vegetarianismo" ganha um novo status quando alcança o hall dos chefs mais premiados e ajuda a mostrar o tamanho da influência desse movimento no mundo da alimentação. No entanto, alguns *players* para os quais o consumo de carne esteja no centro de seu negócio podem optar por ficar de fora do movimento, configurando-se como um *player* mais *mainstream* ou *commodity*. Enquanto isso, outros podem se colocar na "vanguarda" do acompanhamento do movimento, enxergando a oportunidade de trazer inovações para esse consumidor que passa a esperar novas opções. Se já há restaurantes estrelados voltados a eles, por que não opções de fast-food ou alimentos em geral, por exemplo?

Em breves novos exemplos, peguemos o mercado de alimentos enlatados e o de chocolates. No primeiro contexto, há uma preocupação cada vez mais difundida de se evitar o consumo de alimentos ultraprocessados, enquanto, no segundo, aumenta uma procura pelos chamados chocolates *bean-to-bar*, em que se garantem a origem e as condições de cultivo do cacau. Marcas de produção industrial de ambos os casos não serão nunca, na essência, detentoras das características mais artesanais tanto desejadas, o que não significa que não possam se adaptar. São vários os exemplos de marcas de chocolate *mainstream* lançando linhas premium com maior composição de cacau em suas barras ou de marcas de alimentos enlatados que ressaltam, em suas embalagens, o fato de não contarem com ingredientes químicos em sua composição.

A palavra *pace*, portanto, refere-se também a uma harmonia entre as marcas, seu contexto e os desejos das pessoas com quem elas se relacionam: *a ferramenta do Brand Pace sugere o encontro de um ritmo cadenciado entre pessoas, marca, negócio e contexto.*

Sob a lógica do *pace*, é possível notar também que existe uma evolução maior de nossa forma de ver e agir no mundo que nos empurra para olhares mais amplos ao impacto da atividade humana, o que poderíamos chamar de *big pace*. Ele definiria o "ritmo" em que estamos vivendo hoje, o "espírito do nosso tempo", que, neste momento, tem muito a ver com repensar a forma como lidamos com nosso impacto no mundo, a fim de torná-lo mais positivo, mais sustentável e menos autodestrutivo. Esse pensamento tem evoluído com intensidade, por isso cria, até em *paces* mais antigos, algum tipo de consciência. Poderíamos dizer que já é uma preocupação comum a redução dos danos ao meio ambiente e o combate à desigualdade social. Enquanto isso, as práticas ASG já estão na força do *mainstream*, ao passo que a onda de vanguarda 4.0 repensa o capitalismo sob a ótica do impacto. Assim, mesmo que, na perspectiva de nosso *big pace*, nós possamos encontrar forças que empurrem marcas para "posturas com propósito" desde o nível 3.0, é importante salientar que, em cada mercado específico, os assuntos mais relevantes de cada ritmo podem se sobrepor a essas preocupações.

EXEMPLO: O BIG PACE NO MUNDO DA PRODUÇÃO			
1.0	2.0	3.0	4.0
PRODUZIR	SUSTENTABILIDADE	PROPÓSITO E ASG	ECONOMIA DE IMPACTO
Apenas produzir, sem se preocupar com impactos ambientais e sociais.	*Mainstream*: a preocupação com sustentabilidade ambiental e social.	Inovação: negócios orientados pelo propósito e por práticas ASG (ambiental, social e de governança).	Vanguarda: pensar na economia de impacto e em novas formas do capitalismo.

Vamos analisar dois casos em que o propósito não é o fator mandatório para indicar a evolução do *pace*: o conteúdo televisionado e os adoçantes artificiais. A evolução do mercado de serviços de televisão a cabo mostra que, nas últimas décadas, negócios que ofereciam a conexão via cabo ou satélite prosperaram muito ao redor do mundo e envolviam uma grande infraestrutura para oferecer tais serviços. No entanto, nos últimos tempos, o serviço tem sido quase "desmaterializado" pelo aumento expressivo dos serviços de streaming, que alteram não só a forma como se organiza o varejo da conectividade, mas também como se efetuam os contratos entre produtores de entretenimento, notícias e esportes, junto aos canais e operadores de streaming. A partir do *pace* 3.0, tudo tem mudado nesse mercado, indicando uma certa "ruptura", uma disrupção em relação aos *paces* anteriores. Há talvez o que poderíamos chamar de "*pace* 3.5", no meio do caminho, em que surgiram os canais de TV por assinatura que disponibilizaram também seus conteúdos via streaming, ou os *players* convencionais que se tornaram digitalizados. Já o *pace* 4.0, da vanguarda, ainda está "em aberto" e pode se configurar por novas possibilidades de atuação no setor, como agregar conteúdos e ajudar as pessoas a navegar entre eles.

EXEMPLO: O BRAND PACE NO MUNDO DO STREAMING*			
1.0	2.0	3.0	4.0
TV aberta	TV por assinatura	Streaming	Futuro: agregadores de streaming?

* Exemplos apenas ilustrativos.

Já no mundo dos adoçantes e produtos dietéticos, nota-se um aumento no abandono do uso de edulcorantes químicos e um aumento na busca de soluções naturais à base de estévia ou de polióis extraídos de fibras de frutas (maltitol, eritritol, sorbitol e outros). As marcas que não acompanham esses novos "ritmos" nem se posicionam frente a eles, por meio de diferentes estratégias, correm o risco de se tornarem menos relevantes.

Assim, um estudo de contexto a partir da perspectiva do *Brand Pace* pode trazer maior clareza do cenário competitivo em que uma marca está inserida, quais as expectativas, os comportamentos, as referências e os tipos de marcas que atuam nesse giro de mercado, nesse "ritmo de jogo" que não necessariamente envolve o "propósito". Também é de suma importância perceber que, mesmo quando marcas atuam nesses *paces* mais "novos" e são afeitas a propósitos mais "nobres", sua relevância e distintividade são, talvez, também devidas às inovações tecnológicas que apresentam ao mercado, como é o caso das "carnes do futuro", "as calcinhas absorventes", "os sistemas de entrega de frutas orgânicas em domicílio" ou os próprios "adoçantes naturais". A relevância e o valor das marcas são construídos por complexas relações que não se dão apenas por meio de seus discursos, de suas declarações, ações e posturas, e é preciso trazer maior visibilidade a como tudo isso acontece e se organiza.

O *Brand Pace* se coloca, portanto, como uma interessante ferramenta de *descoberta*, *reflexão* e *decisão estratégica* a respeito da condução *global* do negócio e um grande aliado na definição *de como uma marca irá deixar seu valor para a sociedade e seus públicos*. Ele pode nos proporcionar maior clareza dos refinamentos a serem feitos em todos os "elementos estratégicos da marca": de sua oferta a seu discurso, de sua postura a sua identidade. E, após entendido tudo isso, será necessário aprofundar *como cada marca irá de fato construir e comunicar seu valor e significado para as pessoas*. É aí que chegamos ao entendimento de sua Reputação, seu Estilo e sua Ideia.

AGRADECIMENTOS ESPECIAIS

A Fabio Frayha, pelo apoio, pela parceria e pela paciência sempre.
A meu pai e a minha família, pelo apoio incondicional.
À professora Dra. Clotilde Perez e ao Luciano Deos, que gentilmente aceitaram o convite para elaborar o prefácio deste livro.
A Giovanni Vanucchi, Ronald Kapaz e Suzana Ivamoto, que aceitaram o convite para uma leitura inicial e ainda me devolveram palavras gentis.
A Juliana Boteon, que me apresentou o artigo sobre sequestro de causas.
E a todos aqueles que apoiaram este livro e participaram dele das mais diversas formas.

NOTAS E REFERÊNCIAS

1   Como podemos ver no índice Interbrand das marcas mais valiosas de 2021 e também no índice publicado pela Kantar, o BrandZ, de 2022.

INTERBRAND. Marcas brasileiras mais valiosas 2021. Disponível em: https://interbrand.com/sao-paulo/best-brazilian-brands/article/interbrand-marcas-brasileiras-mais-valiosas-2021-event-replay/. Acessado em: 4 nov. 2023.

KANTAR. Kantar BrandZ Most Valuable Brazilian Brands 2021/2022. Disponível em: https://www.kantar.com/campaigns/brandz-downloads/kantar-brandz-most-valuable-brazilian-brands-2022. Acessado em: 4 nov. 2023.

2   A Interbrand aponta, com sabedoria, que muitas marcas hoje ultrapassam suas categorias e se localizam em cenários competitivos mais amplos, o que a consultoria chama de "arena".

3   Este título é curioso, pois revela que, na época, ainda não percebia que deveria falar de marcas, e não apenas de publicidade. No entanto, muito da abordagem do texto foca a estratégia de marca, e não apenas as práticas de comunicação.

4   "Um novo relatório do Programa das Nações Unidas para o Meio Ambiente, o Pnuma, diz que as crises da mudança climática, perda de biodiversidade e poluição são interligadas e colocam sob 'risco inaceitável' o bem-estar das gerações atual e futuras."

NAÇÕES UNIDAS. Relatório mostra como crises ambientais colocam gerações futuras sob risco. Disponível em: https://news.un.org/pt/story/2021/04/1748862. Acessado em: 8 mar. 2023.

5   Por exemplo, as pesquisas da Accenture.

ACCENTURE. From me to we: The rise of the purpose-led brand. Disponível em: https://www.accenture.com/us-en/insights/strategy/brand-purpose?c=acn_glb_purposeaccenture_10938742&n=otc_0419. Acessado em: 4 nov. 2023.

6   Idem.

7   Ver comentário anterior sobre "arena" e categoria (Nota 2).

8. LAGNADO, Silvia; MITCHELL, Colin. Has Purpose Lost Its Purpose? McDonald's Defines Its Style of Marketing. TYBOUT, Alice M.; CALKINS, Tim. (Editor). *Kellog on Branding in a Hyper-Connected World*. Nova Jersey: John Wiley & Sons, 2019.
9. Idem.
10. Idem.
11. Nos próximos capítulos, iremos introduzir, de forma didática, os principais fundamentos dessa tão importante forma de ver o mundo que é a semiótica.
12. SINEK, Simon. *Start with why: how great leaders inspire everyone to take action*. Nova York: Portfolio/Penguin, 2009.
13. De David Aaker, ver diversas obras, como as que serão citadas por aqui:

    AAKER, David A. *Building strong brands*. Nova York: Simon & Schuster, 1996.

    AAKER, David A. *Relevância de marca: como deixar seus concorrentes para trás*. Porto Alegre: Bookman, 2011.
14. KAPFERER, Jean-Noël. *The new strategic brand management*. 5. ed. Londres: Kogan Page, 2012.
15. KELLER, Kevin Lane. *Strategic brand management*. 2. ed. Nova Jersey: Prentice Hall, 2003.
16. TYBOUT, Alice M; CALKINS, Tim. *Kellogg on branding*. Nova Jersey: John Wiley & Sons, 2005.
17. SEMPRINI, Andrea. *A marca pós-moderna: poder e fragilidade da marca na sociedade contemporânea*. São Paulo: Estação das Letras e Cores, 2006.
18. LINDSTROM, Martin. *Brandsense: segredos sensoriais por trás das coisas que compramos*. 2. ed. Rev. e atual. Porto Alegre: Bookman, 2012.
19. MORGAN, Adam. *Eating the big fish*. Nova Jersey: John Wiley & Sons, 1999.
20. BENBUNAN, Jacob; SCHREIER, Gabor; KNAPP, Benjamin. *Disruptive branding: how to win in times of change*. Londres: Kogan Page, 2019.
21. PEREZ, Clotilde. *Signos da marca: expressividade e sensorialidade*. 2. ed. São Paulo: Cengage Learning, 2016.
22. Como, por exemplo, a mesma pesquisa da Accenture citada anteriormente (ver nota 5).
23. KLEIN, Naomi. *Sem logo: a tirania das marcas em um planeta vendido*. Rio de Janeiro: Record, 1999.
24. Como mostrado por algumas pesquisas, dentre elas as realizadas pela BOX 18-24.

    BOX 18-24. All work all play. Disponível em: https://box1824.com/pesquisas/all-work-all-play/. Acessado em: 4 nov. 2023.
25. GULATI, Ranjay. *Deep purpose: the heart and soul of high-performance companies*. Nova York: Harper Business, 2022.
26. KOTLER, Philip; KARTAJAYA, Hermawan; SETIAWAN, Iwan. *Marketing 3.0: as forças que estão definindo o novo marketing centrado no ser humano*. Rio de Janeiro: Campus-Elsevier, 2010.

27 Embora sem o foco num propósito de cunho social e ambiental, a autora já mencionava a centralidade do tema em empresas como Natura e Banco Real em seu livro *Estratégia e gestão empresarial*.

    TANURE, Betania; GHOSHAL, Sumanthra. *Estratégia e gestão empresarial*. Rio de Janeiro: Campus-Elsevier, 2004.

28 Ver, por exemplo, Roberto Tranjan em *O velho e o menino*.

    TRANJAN, Roberto. *O velho e o menino*. São Paulo: Buzz, 2017.

29 SINEK, Simon. *O jogo infinito*. Rio de Janeiro: Sextante, 2020.

30 Idem, p. 47.

31 PETRZELA, Natalia Mehlman. "Goodbye to the Cult of SoulCycle". *The New York Times*, 06 fev. 2021. Disponível em: https://www.nytimes.com/2021/02/06/opinion/fitness-soul-cycle.html. Acessado em: 4 nov. 2023.

32 BBC. Ben & Jerry's fails to stop sales in Israeli settlements. Disponível em: https://www.bbc.com/news/world-middle-east-62643392. Acessado em: 4 nov. 2023.

33 O branding não "substitui" o marketing, que ainda é necessário na administração de marcas. A "nova" disciplina é, no entanto, central na definição da estratégia e essência da marca justamente por sua capacidade de considerar o "contexto" amplo em que atua e por carregar uma sensibilidade e capacidade técnica de compreender como significados são criados. O aprofundamento dessa discussão, no entanto, é tema para uma discussão futura.

34 Parafraseando claramente David Aaker quando traz suas "armadilhas do posicionamento", em seu *Building strong brands*.

35 Outros autores já se atentaram para isso: ver, por exemplo, o já mencionado capítulo 17 do livro *Kellogg on branding*, por Silvia Lagnado e Colin Mitchell.

36 Cf. livro *Jogo infinito*, na nota 29.

37 KOTLER, Philip. *Os 10 pecados mortais do marketing: sintomas e soluções*. Rio de Janeiro: Sextante, 2019.

38 COVA, Bernard. To change the law, defy the law: hijacking the cause and co-opting its advocate. *Journal of Public Policy & Marketing*, v. 39, n. 4, p. 430–443, 2020.

39 Outra ideia para discutir, no futuro, é o quanto um propósito deve servir à ideia tão mercadológica de ser "diferenciador", em prol de olhar principalmente para o que o mundo realmente precisa.

40 A Raízs é uma marca de entrega de cestas de alimentos orgânicos; a Pantys, de calcinhas absorventes, e a Liv Up iniciou como uma marca de comida congelada saudável e hoje ampliou seu portfólio para outros itens de mercado.

41 SANTAELLA, Lucia. *Semiótica aplicada*. São Paulo: Pioneira Thomson Learning, 2002.

    SANTAELLA, Lucia. *A teoria geral dos signos: como as linguagens significam as coisas*. São Paulo: Cengage Learning, 2008.

    Vale ver o trabalho do próprio Peirce:

    PEIRCE, Charles Sanders. *Semiótica*. São Paulo: Perspectiva, 2010.

NOTAS E REFERÊNCIAS

42 Clotilde Perez, no já citado *Signos da marca*.

43 Mais do que apenas uma lógica, como a semiótica é classificada, acredito nela como a base para entender e estudar como as coisas significam e funcionam.

44 Para os iniciados no tema, a "correspondência livre" em que me aventurei aqui foi a de estabelecer a conexão entre os seguintes pares teóricos: "primeiridade-objeto: confiança e constituição", "secundidade-índice: identificação e conexão" e "terceiridade-símbolo: impacto e significado".

45 O nível de distinção que uma marca terá de outra será variado. Importante apontar que, a priori, basta que existam duas marcas com nomes diferentes, mesmo que entreguem o mesmo produto ou serviço, para que elas sejam "distintas" uma da outra.

46 Logo adiante veremos que o que chamo de concretude tem a ver com conquistar uma associação direta aos atributos mais valiosos dentro de uma categoria, dentro de um determinado mercado.

47 A entrega é entendida como "tudo o que o negócio oferece": do produto ao atendimento, da postura à experiência.

48 Sobre o viés da familiaridade, ver FENNIS, Bob M.; STROEBE, Wolfgang. *The Psychology of Advertising*. Nova York: Psychology Press, 2010.

49 Ver paper *Covid-19: desafios e oportunidades para as marcas hoje*. Disponível em: https://www.gad.com.br/wp-content/uploads/2020/04/GAD-INSIGHTS-COVID-19v01.pdf. Acessado em: 5 nov. 2023.

50 Chamei o estudo de todos esses elementos capazes de construir a força de marca de *brand gear*, o qual, no entanto, será objeto para um próximo livro.

51 Ver teoria do "enquadramento" em AAKER, David. *Relevância de marca*. Porto Alegre: Bookman, 2011.

52 Acredito que a diferenciação entre as marcas é sempre necessária, mas se dá de formas menos intensivas como o "senso comum do branding" costuma determinar.

53 Sendo a entrega compreendida por todos os elementos capazes de construir uma marca: do lastro à oferta, experiência, presença etc.

54 A maiúscula em Estilo foi utilizada quando se refere à essa dimensão na construção de marca, e a palavra em minúsculo foi aplicada quando referente ao significado convencional da palavra. O mesmo vale para Reputação e reputação, bem como Ideia e ideia.

55 Para os que acompanharam o capítulo da semiótica, nessa lógica "associativa", fica evidente a localização do estilo no eixo da secundidade.

56 Ver FORD, Tom; FOLEY, Bridget. *Tom Ford*. Nova York: Rizzoli, 2021.

57 De acordo com matéria publicada na revista Elle. Disponível em: https://elle.com.br/moda/a-historia-e-as-criacoes-iconicas-de-coco-chanel. Acessado em: 11 jan. 2024.

58 Verbete "Estética" em ABBAGNANO, Nicola. *Dicionário de filosofia*. 6. ed. São Paulo: Martins Fontes, 2012.

59 LINDSTROM, Martin. *Brandsense: segredos sensoriais por trás das coisas que compramos*. 2. ed. Rev. e atual. Porto Alegre: Bookman, 2012.

60 *Signos da marca*, de Clotilde Perez, já citado aqui.

61 De acordo com declarações no site do restaurante Mocotó.
MOCOTÓ. Página inicial. Disponível em: www.mocoto.com.br. Acessado em: 5 nov. 2023.

62 ABBAGNANO, Nicola. *Dicionário de filosofia*. São Paulo: Martins Fontes, 2018.

63 Platão, citado em ABBAGNANO, Nicola. *Dicionário de filosofia*. São Paulo: Martins Fontes, 2018.

64 MORGAN, Adam. *Eating the big fish*. Nova Jersey: John Wiley & Sons, 1999.

65 "Ambição" é palavra de Adam Morgan. "Inquietude" e "inconformismo" vêm dos rabiscos de Rita Almeida em sua edição do *Eating the big fish*.

66 MORGAN, Adam. *Eating the big fish*. Nova Jersey: John Wiley & Sons, 1999.

67 MORGAN, Adam; DEVOY, Malcom. *Overthrow II: 10 strategies from the new wave of challengers*. Cidade: PHD & Eatbigfish, 2019.

68 Disponível em: https://www.uniqlo.com/us/en/contents/lifewear/com. Acessado em: 17 maio 2022.

69 Como veremos adiante, não considero a Rituals uma marca de Ideia como base, pois seu Estilo é, em minha interpretação, sua base de impacto: as pessoas compram essa Ideia, fundamentalmente, por seu Estilo. Uma dimensão não existe sem a outra.

70 Algumas marcas citadas neste parágrafo, como Illy e Chanel, são, na verdade, marcas R.E.I: marcas com as três dimensões muito bem estabelecidas. Optei por mantê-las como exemplo de "Ideia como coroação" por ter encontrado, nas próprias marcas, narrativas que corroboram exatamente com o percurso indicado, o de uma "ideia que se revela ao final do processo". O percurso "cronológico" de construção dessas marcas, no entanto, pode ter acontecido de acordo com outra ótica, podendo inclusive ter começado pela Ideia.

71 ILLY, Andrea. *O sonho do café*. Rio de Janeiro: Valentina, 2016, p. 159.

72 A ideia é condizente com o percurso da própria cerveja, que "introduziu" a categoria puro malte no segmento premium e apropriou-se de novos territórios de consumo. As campanhas da marca deixam isso também explícito: desde a premiada "sua namorada também pode gostar de futebol", até outras como a "The Experiment", que mostra de forma inesperada que "quanto mais música, menos se consome de álcool na noite", associando a marca a um consumo responsável. A ideia fica explícita na evolução dos slogans da marca: "Open Your World" (adotado desde 2011) e alterado em 2019: "For a Fresher World".

"Heineken deixa frase usada desde 2011 e adota mote 'Por um Mundo Mais Leve'". *UOL*, 10 jan. 2019. Disponível em: https://economia.uol.com.br/noticias/redacao/2019/01/10/novo-comercial-heineken.htm. Acessado em: 5 nov. 2023.

73 Importante lembrar que já apontamos a Heineken como uma marca que utiliza o Estilo como meio, e não como coroação, como neste capítulo. Aqui, no entanto, estamos analisando o momento específico de quando a marca entrou no Brasil, no qual ela utiliza a estratégia da Reputação inteligente, com Estilo como coroação do percurso.

74 Do manifesto da marca. Disponível em: https://www.farmrio.com.br/institucional/sobre. Acessado em: 20 set. 2022.

75 Conforme declarado no site da Dengo.

DENGO. Institucional. Disponível em: https://dengo.com/pt?_ga=2.27785844.953806783.1699199334-1675875016.1699199334&_gl=1*1g016el*_ga*MTY3NTg3N-TAxNi4xNjk5MTk5MzM0*_ga_PQC129E34V*MTY5OTE5OTMzMy4xLjAuM-TY5OTE5OTM0Ni40Ny4wLjA. Acessado em: mar. 2023.

76 Muito debate e muita análise foram dedicados a esta classificação que apresento aqui. O fato de que a atuação da marca é muito mais baseada em Estilo do que em Ideia foi crucial para o estabelecimento do Estilo como base. Afinal, sua experiência é menos racional do que emocional, sensível, e conectada aos valores que seus públicos e seus colaboradores e fundadores partilham. Da mesma forma, o papel dos elementos reputacionais em sua história a coloca no arquétipo do Estilo impulsionado, diferindo do caminho mais "conceitual" das marcas de base de Ideia.

77 CHANEL. The History. Disponível em: https://www.chanel.com/us/about-chanel/the-history/1910/. Acessado em: 20 maio 2022.

78 LEVI'S. Sobre nós. Disponível em: https://www.levi.com.br/informacoes/sobre-nos. Acessado em: 20 maio 2022.

79 Idem.

80 LOFT. Trabalhamos para ajudar na criação de um mercado imobiliário melhor para todos. Disponível em: https://loft.com.br/about-us. Acessado em: 14 mar. 2022.

81 MOCOTÓ. Restaurante. Disponível em: https://mocoto.com.br/. Acessado em: 20 maio 2022.

82 Mesmo que a base da experiência no Mocotó seja a sensibilidade, mais afeita ao mundo do Estilo, e não da Ideia, considero que a base da marca seja a Ideia pelo fato de ter sido a responsável por fazer o casamento dessa cozinha típica brasileira, vinda do Nordeste, com o requinte e reconhecimento da alta gastronomia, configurando a *marca* Mocotó, muito mais lembrada por esse fato, primordialmente, e coroada por uma experiência de Estilo única.

83 BEER, Raquel. "Quando os investidores sumiram, os sócios redesenharam o plano para fazer a Liv Up acontecer". *Draft*, 22 mar. 2017. Disponível em: https://www.projetodraft.com/quando-os-investidores-sumiram-os-socios-redesenharam-o-plano-para-fazer-a-liv-up-acontecer/. Acessado em: 5 nov. 2023.

84 ILLY. A sociedade: missão, visão e valores. Disponível em: https://www.illy.com/pt-br/sociedade-illy-caffe. Acessado em: 23 maio 2023.

85 Esta é a descrição de Andrea Illy para um dos produtos mais centrais da marca, o Blend Illy, conforme declaração no seu livro *O sonho do café*.

86 Idem, p. 128.

87 Ibidem, p. 128.

88 Optei pelo termo "*bid*", não "*bet*", pois entendo as marcas como "o lance", a "oferta" feita na aposta, o *bid*, e não uma marca de "fazer" apostas.

89 KAPFERER, Jean-Noël. *The new strategic brand management*. 5. ed. Londres: Kogan Page, 2012.

90 Alguns desses fatores são estudados nas ferramentas *brand diamond* e *brand gear*, que serão objetos de publicações no futuro.

91 Como apontado no livro *Organizações exponenciais: por que elas são 10 vezes melhores, mais rápidas e mais baratas que a sua (e o que fazer a respeito)*.

ISMAIL, Salim; MALONE, Michael S.; VAN GEEST, Yuri. *Organizações exponenciais: por que elas são 10 vezes melhores, mais rápidas e mais baratas que a sua (e o que fazer a respeito)*. Rio de Janeiro: Alta Books, 2019.

92 O que me chama atenção é que, mesmo diante dessa riqueza de *símbolos do avanço*, o mundo das marcas e da comunicação mantém um comportamento peculiar de ficar muitas vezes restrito em si próprio para fazer as leituras do que "está se revelando uma tendência". Refiro-me aqui, em se tratando de estudos de mercado, às pesquisas que olham apenas para o próprio mundo das marcas: o "lançamento de uma marca X, num mercado tal", ou da "ação da marca Y", ou do "discurso" da marca Z. Acredito que precisamos olhar mais para outros exemplos (filmes, livros, reportagens, movimentos culturais etc.), do que ficar fechados no consumo do que as próprias marcas criam. Embora quase uma "ode ao impacto" e à influência das marcas em nossas vidas, essa prática comum entre publicitários, designers, estrategistas e executivos é algo que deve ser olhado com cautela.

93 Recomendo assistir ao primeiro episódio de *Chef's table* Paris.

CHEF'S table Paris. Criada por David Gelb. Produção de Netflix, 2016.

94 JADE, Lírla. "No Brasil, 14% da população se considera vegetariana". *Agência Brasil*, 01 out. 2021. Disponível em: https://agenciabrasil.ebc.com.br/saude/noticia/2021-10/no-brasil-14-da-populacao-se-considera-vegetariana#:~:text=De%20acordo%20com%20dados%20da,menos%20uma%20vez%20na%20semana. Acessado em: 4 nov. 2023.

95 Em termos mais técnicos, poderíamos falar na *atitude* das pessoas em relação a cada tema.

96 LIGHT, Michael Paul. "Trish Rothgeb coined 'third wave' — and is now looking toward coffee's future". *Los Angeles Times*, 04 out. 2019. Disponível em: https://www.latimes.com/food/story/2019-10-04/third-wave-coffee-trish-rothgeb. Acessado em: 4 nov. 2023.

ÍNDICE REMISSIVO

A
Absolut 71
Aché 86
Adam Morgan 31, 118, 185
Airbnb 110
Alain Passard 167
Alfa Realty, 73, 85
Alice Tybout 31
Alimentos 51, 58, 85, 102, 104, 173, 174, 183
Andrea Semprini 31
Antarctica 73, 85, 108
Apple 63, 73
Aristóteles 114
Armadilhas 12, 27, 41, 43, 44, 46-48, 52, 54, 55, 57, 159, 183
Arquétipos 17, 150, 151
ASG 22, 27, 56, 57, 76, 164, 174, 175
Assai 22
Assets 76, 111
Atacadão 22
Automóveis 79, 85, 97, 103, 135
Avis 118, 122, 133
Axe 116
Azul Seguros 87

B
B2B 102, 149
Bacio DiLatte 101
Backer 150
Balenciaga 103
Balmain 103, 123
Banco Real 39, 183
Bancos 16, 85, 86, 88, 108, 120, 135, 163, 165, 166
Bean-to-bar 170, 174
Beats 73
Benbunan, Schreier e Knapp 31
Ben&Jerry's 40
Bernard Cova 50, 51
Betania Tanure 39
Bic 131
Bid brands 149, 151
Big fish 118, 182, 185
Blanding 103
Blue Apron 72
Bradesco 22
Brahma 22, 73, 85, 108, 131
Brand Aim 9, 73, 126-128, 130
Brand equity 21-23, 25
Brand Pace 9, 13, 32, 58, 87, 117, 162, 164, 169, 170, 172, 174, 176
Brastemp 86
Bráz Elettrica 101
Brew Dog 119
Burberry 103, 111, 119

C
Café 105, 124, 147, 148, 170, 171, 173, 185, 186
Callebaut 84
Carrefour 50, 51
Cerveja 71, 79, 84, 85, 87, 97, 103, 105, 107, 108, 117, 122, 134, 165, 185
Challenger brands 118, 119, 130
Chanel 97, 111, 139, 146, 185
Charles Sanders Peirce 12, 63
Cherry 87
Chevrolet 108
Chocolates 23, 49, 61, 78, 79, 83, 85, 88, 101, 108, 137, 173, 174
Cia Tradicional de Comércio 101
Cigarros 97
Clotilde Perez 13, 31, 64, 100, 179, 184
Coca-Cola 131, 132
Commodity 170, 171, 173
Companhia das Letras 73, 86
Credit Suisse 150
Cultura 5, 22, 24, 26, 28, 40, 42, 45-48, 55, 70, 87, 101, 102, 104, 151, 159, 166, 169, 172

CVC 22
Cyrela 73, 85

D
David Aaker 31, 84, 182, 183
Dengo 24, 49, 73, 88, 101, 137, 138, 186
Design 5, 6, 43, 79, 106, 108, 119, 167
Distinção 6, 52, 64-67, 69, 70, 79, 150, 184
Distintividade 52, 68, 75, 76, 79, 131, 132, 176
Diversidade 12, 42, 50, 52, 116, 117, 171
Dove 24, 28, 72, 117, 131
Dr. Consulta 141
Drogasil 22
Drones 58

E
Ed. Carambaia 73
Edelman Trust Barometer 37
Ed. Labrador 73
Ekos 24, 49, 101
Empoderamento 52
Enel 86, 88, 121
Enlatados 173, 174
Espírito do tempo 13, 98, 164, 166, 168
Etna 71
Even 73, 85
Expressividade 72, 75, 76, 79, 116, 122, 128-130, 137, 138, 150, 151, 157, 158, 182
EZTech 85

F
Facebook 110
Farm 105, 111, 136, 137
Farm-to-table 168
Fast Shop 107
Feminismo 42
Fiat 73, 108
Ford 95, 108, 123, 184
Futebol 96, 103, 134, 185

G
Gafisa 73, 85

Gender-free 95
Giff Gaff 86, 88, 121
GM 73
Gol 71
Golden circle 30, 39
Google 73, 110
GoPro 73
Graza 84, 89, 143, 145
Gucci 71, 95

H
Havaianas 88, 105
Heineken 73, 84, 107, 122, 134, 185
Helbor 85
Hershey's 73, 108
Hertz 118
História estética 98, 101
História estratégica 29, 32, 73, 75, 86, 88, 89, 110, 127-130, 139, 152

I
IBM 84
IdeaZarvos 73
Identidade 6, 13, 42, 65, 70, 71, 75, 87, 93, 94, 96, 100, 101, 103-105, 107-110, 119, 121, 149, 172, 177
Ikea 71
Ikigai 39
Illy 73, 124, 147, 148, 185, 186
Imagem 4, 76
Incorporadoras 85
Industrializados 85, 111, 163
Interação 29, 72, 78, 101, 141, 143
Itaú 22, 86

J
JAC Motors 87
Jean-Nöel Kapferer 31
JetBlue 71
Jonhson&Johnson 48

K
Kevin Lane Keller 31
Kitchen Aid 71
Kumon 85

L
Lacta 73, 85, 108
Lastro 81, 90, 103, 105, 137, 168, 171, 172, 184
LeCreuset 71
Legado 27, 32, 41, 43, 56
Levi's 139, 140, 146
LG 73
Livraria Cultura 105, 150
Liv Up 58, 145, 183, 186
Loft 88, 141, 142
Lojas Americanas 22, 38, 150
Low-cost 72, 117
Luciano Deos 18, 80, 103, 179

M
Mailchimp 119
Mainstream 84, 87, 94, 107, 169-174
Martin Lindstrom 31, 100
MaxHauss 73
McDonald's 28, 131, 132, 182
McKinsey 70
Michelob 73, 87
Mint Mobile 86, 88, 121
Missão, Visão e Valores (MVV) 40
Missoni 111
M&M 73
Mocotó 109, 110, 141, 142, 185, 186
Moonshot 45, 54
Muji 89, 122, 138
MySpace 110

N
Naomi Klein 38
Natura 22, 24, 39, 49, 72, 101, 117, 137, 183
Nestlé 73, 85, 108
Netflix 92, 187
Nike 131
Nubank 22, 73, 86, 88, 89, 106, 107, 120, 143

O
Oatly 116, 119
Omo 40, 70, 116, 131
Oral B 70

Originalidade 65, 79
Orkut 110
Oz Estratégia + Design 5, 6, 167

P
Pantys 24, 58, 72, 107, 120, 144, 183
Parmalat 150
Patagonia 24
Peloton 72, 73
Pepsi 109, 122, 133
Peugeot 73
Pfizer 86
Philip Kotler 31, 48
Pilão 105
Pirelli 70
Pizza 101
Platão 114, 185
Play-Doh 86
Porto Seguro 22, 87, 134, 135
Postura 11, 27, 28, 32, 33, 38, 39, 44, 48, 55, 56, 78, 80-82, 103, 105, 143, 171, 172, 177, 184
Prada 103
Premium 83, 84, 90, 105, 107, 145, 170, 171, 174, 185
Purpose-wash 25, 55

Q
Quinto Andar 88, 141

R
Raízs 24, 58, 72, 183
Ranjay Gulati 39
Recomendação 76
REI Co-op 24
Reuters 70
Ricardo Guimarães 39
Richards 71
Rita Almeida 118, 185
Rituals 116, 122, 138, 185

Ronald Kapaz 5, 43, 179

S
Saliência 75, 87, 91, 103, 117, 132, 141, 152
Samsung 73
Secundidade 65, 184
Semiótica 12, 29, 32, 62-65, 68, 96, 130, 157, 182, 184
Setin 85
Silvia Lagnado 28, 183
Símbolos de avanço 165, 167, 169
Simon Sinek 30, 39, 40, 48, 57
Skol 73, 85, 108, 131
Slogan 90, 124, 134
Sneakers 73
Sociedade 11, 23-27, 29, 32, 37, 39, 41-43, 46, 48-50, 52, 54, 55, 58, 71, 72, 76, 80, 96, 107, 117, 120, 140, 164, 169, 172, 177, 182, 186
Sony 73
SoulCycle 73
Starbucks 73, 105, 171
Steinway & Sons 70
Streaming 163, 175, 176
Sugru 116, 120, 144
SulAmérica 123
Suzana Ivamoto 6, 43, 179

T
Tagline 53, 90, 124, 148
Tegra 85
Telefonia 85, 121
Terceiridade 65, 184
Tesla 73, 85
Texas Instruments 85
The Body Shop 24
Thymus Branding 39
Tigre 109

Tim Calkins 31
Toblerone 73
Tom Ford 95, 123, 184
Tom's 40
Tony's Chocolonely 40, 119
Toyota 84
Trish Rothgeb 170, 187

U
Uber 88
Under Armour 119
Unilever 123, 131
Uniqlo 119
Urbanidade 167
Urbanismo 42, 167
Utilities 79, 80, 85, 86, 88, 121

V
Vale 86, 183
Vanguarda 169, 170, 172-175
Vert/Veja 49
Vinhos 38
Vitacon 73
Vivo 70
Volkswagen 73, 108
Volpi 93, 98
Volvo 84

W
Walk the talk 42
Whole Foods 40

X
Xampus 61, 165
XP 96

Y
Yves Saint Laurent 103

Z
Zeiss 70
Zeitgeist 140

FONTE Minion Pro
PAPEL Pólen Natural g/m²
IMPRESSÃO Paym